本书为国家自然科学基金青年科学基金项目“供应链结构嵌入、资本市场信息效率与价值效应”（项目编号：72202181）研究成果。

供应链治理与企业价值创造

高 笛 著

西南财经大学出版社
Southwestern University of Finance & Economics Press
中国·成都

图书在版编目(CIP)数据

供应链治理与企业价值创造/高笛著.--成都:
西南财经大学出版社,2024. 8. --ISBN 978-7-5504-6380-6
Ⅰ. F279. 23
中国国家版本馆 CIP 数据核字第 2024U11U10 号

供应链治理与企业价值创造

GONGYINGLIAN ZHILI YU QIYE JIAZHI CHUANGZAO

高 笛 著

策划编辑:李晓嵩
责任编辑:李晓嵩
助理编辑:王 琳
责任校对:王甜甜
封面设计:何东琳设计工作室
责任印制:朱曼丽

出版发行	西南财经大学出版社(四川省成都市光华村街 55 号)
网 址	http://cbs. swufe. edu. cn
电子邮件	bookcj@ swufe. edu. cn
邮政编码	610074
电 话	028-87353785
照 排	四川胜翔数码印务设计有限公司
印 刷	成都金龙印务有限责任公司
成品尺寸	170 mm×240 mm
印 张	12
字 数	215 千字
版 次	2024 年 8 月第 1 版
印 次	2024 年 8 月第 1 次印刷
书 号	ISBN 978-7-5504-6380-6
定 价	88.00 元

前言

全球经济一体化不断推进和市场竞争日益激烈使企业竞争由个体实力之间的竞争扩展为供应链与供应链之间的竞争。对于公司来说，采购和销售是公司运作的关键环节，与供应商、客户之间紧密的业务联系直接反映了公司经营状况和未来发展前景。2017 年，《国务院办公厅关于积极推进供应链创新与应用的指导意见》发布。随着我国供给侧结构性改革的实施和经济发展进入新常态，供应链创新与应用已上升为国家战略。公司的经营、发展、创新，都离不开一个关键词——供应链。供应链是现代经济的重要形态，也是关乎企业和行业发展的“生命线”。党的二十大报告明确提出“着力提升产业链供应链韧性和安全水平”，为构建新发展格局、推动高质量发展提供了有力保障。在现代公司金融领域的研究中，上游供应商和下游客户是重要的利益相关者，如何有效挖掘供应链特征的价值效应并充分发挥信息在供应链关系中的黏合剂作用是企业价值创造过程中面临的关键问题。

本书基于利益相关者理论与供应链治理理论，从信息视角系统研究了供应链特征的企业价值创造效应。本书主要研究结论如下：一方面，本书从理论上厘清了企业供应链特征的相关概念的内涵、范围和度量，综合考虑高管层面和企业层面的供应链特征，更全面和系统地认知企业供应链特征和层次。另一方面，本书从实证上检验了供应链特征对企业决策行为与价值创造的作用机制，更加准确地分析了信息资源如何在供应链成员企业间流动、转化和传递以及是否提升了企业价值。本书发现，供应链信息处理主体——供应链高管有利于增强企业在供应链交易中的信息接收和处理优势，减少企业与供应商和客户之间的信息不对称，从而提升公司业绩；供应链信息披露通过降低企业与投资者之间的信息不对称提高资源配置效率、影响企业投资行为；供应链关系型交易发挥着信息传递作用，促使企业及时根据自身和供应链成员企业状况调整融资结构，从而提升融资效率和企业价值。

第一，公司业绩和价值创造是公司关注的核心问题，供应链信息的处理和运用决定着公司与上下游企业合作共赢和自身长远发展。本书考察了供应链信息处理主体特征，即供应链高管如何增强企业在供应链交易中的信息接收和处理优势，减少上市公司与供应商和客户之间的信息不对称，以影响公司业绩。本书发现，供应链高管显著提升了公司盈利水平，证实了供应链高管在供应链竞争中发挥专家能力和圈子效应，稳定供应链关系，为公司带来财富增长。特别地，本书基于开源、节流、商业信用、流动性管理和创新的角度进行机制分析，发现供应链高管通过抢占市场先机、节约经营成本、改善商业信用和加强流动性管理、促进企业创新等途径提升公司业绩和可持续发展动力。笔者手工搜集的供应链高管数据为公司供应链治理的多层次研究提供了重要补充，弥补了高管特征和供应链特征等相关领域的不足，深化了供应链特征的经济效应研究。

第二，公司投资行为驱动价值创造。供应链信息披露不仅有利于减少企业与投资者之间的信息不对称，还有利于提高资源配置效率、影响企业投资行为。我国上市公司供应链信息披露属于自愿性披露，是公司向外部投资者传递公司供应链交易状况和发展前景的重要方式。本书研究了供应链信息披露行为特征与公司投资效率的关系，发现上市公司披露客户或供应商信息能显著抑制公司非效率投资行为。同时，本书还证实供应链信息披露通过缓解融资约束和降低委托代理风险抑制公司非效率投资。这不仅为公司非效率投资的治理和投资者决策提供了借鉴，还对相关部门进一步规范供应链信息披露制度提供了一定的参考价值。

第三，公司能否获得外部融资对公司再投资和长远发展十分关键。在供应链关系型交易中，把协同发展和竞争风险等丰富信息传递给债权人，降低企业与债权人的信息不对称程度，直接影响企业融资效率。本书研究了供应链关系型交易内容特征对公司融资效率的影响。考虑到我国以银行为中心的融资情况，本书以债务融资规模、融资期限和融资成本表示融资效率，并从供应商和客户关系的重要性、稳定性、质量三个方面展开分析。本书研究发现，较高的供应链集中度不仅提升了公司治理水平，还降低了经营风险，从而提升了融资效率。同时，供应链稳定性不仅有利于扩大融资规模和延长融资期限，还显著降低了融资成本。本书进一步分析供应商和客户个体特征发现，当客户的议价能力较强、破产风险较低、属于非高新技术行业时，客户集中度对融资效率的正面作用才显著，相比之下，当供应商破产风险较高、属于高新技术行业时，供应商集中度对融资效率的正面作用更显著。供应链关系型交易发挥着治理效应和信号传递作用，这既有利于使公司认识到供应商和客户关系的重要性，及时根据自身和供应链成员企业状况调整融资结构、提高融资效率，还有利于银行等金融机构明确公司供应链发展的潜在风险，合理制定信贷策略，提升贷款质量和金融服务水平。

本书共分为7章。第1章为导论，主要介绍本书的研究背景、研究意义、研究思路与框架结构、研究方法以及创新之处。第2章为文献综述。第3章为理论基础。第4章为供应链高管对公司业绩的影响，研究了供应链高管对经营管理决策和公司业绩的影响。第5章为供应链信息披露对投资效率的影响，研究了供应链信息披露对公司投资效率的影响，并进一步分析其作用机制。第6章为供应链关系型交易对融资效率的影响，研究了供应链关系型交易对我国上市公司融资效率的影响。第7章为研究结论、政策建议、研究局限和展望，对全书进行了总结并提出了相关政策建议。

本书以公司创造价值过程中供应链特征的作用为研究出发点，立足供应链信息机制，以上市公司信息处理、信息披露和信息传递为线索，从公司及高管不同层面的供应链特征，考察其如何缓解供应链信息不对称以及如何对公司治理和价值创造产生作用。本书结论丰富了公司金融领域利益相关者的研究范围，为我国建立有效的供应链人才激励机制、监管部门完善供应链信息披露政策、提升供应链金融服务水平以及企业供应链治理应用和实践提供了新的经验证据，对当前新发展格局下提升产业链供应链现代化水平与促进企业高质量发展具有重要的现实意义。

高笛

2023年12月

目录 MULU

1
导论

1.1 研究背景

1.1.1 现实背景

供应商和客户是公司重要的利益相关者，采购和销售是公司运作的关键环节，与供应商、客户之间的业务联系和资源整合直接反映了企业经营状况和未来发展前景。随着市场竞争日趋激烈，供应链整合能力和协同效率已经成为企业、产业乃至一个国家经济的核心竞争力。早在2012年，美国国土安全部就通过了《全球供应链安全国家战略》，将供应链发展定位为国家战略。2013年，德国政府推出“工业4.0”战略，使产业革命助推德国的产业供应链发展。2014年召开的亚太经合组织（APEC）会议建立了“APEC供应链联盟”，并确定了提升区域内供应链绩效指数的发展目标。可见，发展供应链早已成为全球和区域经济发展的战略共识。

随着我国供给侧结构性改革的不断深入，国家相关配套政策陆续出台及完善，供应链迎来历史发展的重要机遇期。2017年10月13日，国务院办公厅印发《国务院办公厅关于积极推进供应链创新与应用的指导意见》（国办发〔2017〕84号）。这是我国首次将供应链创新发展上升为国家战略的指导性文件，为发展供应链指明了方向，以更好地推进供给侧结构性改革①。党的十九大报告指出：“在中高端消费、创新引领、绿色低碳、共享经济、现代供应链、人力资本服务等领域培育新增长点、形成新动能。”“现代供应链”概念的提出为我国供应链创新与实践赋予了鲜明的时代特征，在传统供应链基础上有了一定延伸。2018年4月，《商务部等8部门关于开展供应链创新与应用试点的通知》（商建函〔2018〕142号，以下称《通知》）发布。《通知》提出，推动形成创新引领、协同发展、产融结合、供需匹配、优质高效、绿色低碳、全球布局的产业供应链体系，助力供给侧结构性改革。在此期间，地方政府响应推进供应链创新号召，不断建设和完善各类供应链平台②。近年

① 《国务院办公厅关于积极推进供应链创新与应用的指导意见》立足振兴实体经济，提出了六项重点任务，第四项任务为“积极稳妥发展供应链金融”，具体要求是“推动供应链金融服务实体经济”“有效防范供应链金融风险”。

② 例如，南京市政府充分发挥南京市区域商贸中心城市的优势，培育经营规模超1 000亿元的全球供应链领先企业，将南京市打造成为全国供应链创新与应用的重要中心。成都市发布《推进现代供应链创新应用的实施方案》，积极探索高标准推进供应链试点建设的“成都模式”。

来，全球经济格局深度调整，受单边主义和贸易保护主义抬头、经济全球化遭遇逆流、新冠病毒感染疫情全球蔓延、“碳达峰”“碳中和”等多重因素叠加影响，全球产业链供应链正加速重构与调整。2020年，中央政治局会议强调加大“六稳”工作力度，特别提出保产业链供应链稳定。中央经济工作会议强调“产业链供应链安全稳定是构建新发展格局的基础”。2021年，中央经济工作会议特别强调了多措并举保障产业链供应链稳定。习近平总书记强调，“要牢固树立安全发展理念，加快完善安全发展体制机制，补齐相关短板，维护产业链、供应链安全，积极做好防范化解重大风险工作”。《中华人民共和国国民经济和社会发展第十四个五年规划和二〇三五年远景目标纲要》明确提出，要加快发展现代产业体系，提升产业链供应链的现代化水平。党的二十大报告指出，要“以推动高质量发展为主题”“着力提升产业链供应链韧性和安全水平”“加快构建新发展格局”。在百年未有之大变局中，产业链供应链安全、可靠、稳定、畅通、多元等要求日益突出，供应链安全稳定对我国未来巩固中国制造竞争优势、把握未来发展主动权、传递市场价值、优化资源配置效率具有重要作用。为了提高供应链的整合能力和协同效率，党和国家不断推进和部署供应链创新与应用有关工作，以促进我国产业链供应链现代化水平提升。

作为全球第二大经济体，我国现代供应链的发展正为未来经济增长注入新动力。一是现代供应链的发展有利于中国企业注重提升核心竞争力，向整合型企业转变；二是现代供应链的发展助力供给侧结构性改革，推动产业转型升级，在降本增效的同时提升创新水平和发展质量；三是现代供应链的发展通过产业扁平化、共享化、去中心化提升社会效率和优化资源配置。但是，我国现代供应链效率仍有待提高。供应链发展面临治理机制不完善、政策支持缺乏、行业组织建设滞后、供应链人才匮乏等问题。此外，我国证券市场信息披露制度尚不完善，上市公司财务报告中与供应链相关的一些重要信息披露存在随意性、主观性和大量缺失。信息不对称带来了交易成本的提高，投资者决策失去了可靠支撑，资本市场信息透明度有待进一步提升。公司参与现代市场竞争已经不是单个企业之间的竞争，而是供应链与供应链之间的竞争。未来，供应链竞争面临着新的机遇和新的挑战。提升产业链供应链的韧性和安全水平，是在当前国内外经济发展环境变动等外部因素与我国经济高质量发展的内在需要两者共同作用下形成的要求。

推进现代供应链的发展，不仅需要政府的政策支持，还依赖企业内在的发展需求和经营者决策。国家通过供应链战略提升国家竞争力；政府通过供应链体系建设丰富政府管理手段，提升政府治理水平和治理能力；企业通过供应链创新助力企业快速响应市场、减少各环节交易成本、持续增加供应链整体的长期竞争力和盈利能力。2019 年 5 月 28 日，全球信息技术研究和顾问公司高德纳（Gartner）公布了年度全球供应链 25 强榜单，巴斯夫、施耐德等榜上有名，阿里巴巴作为唯一一家中国企业闯进榜单。值得注意的是，上榜企业超八成与阿里巴巴合作密切，这意味着阿里巴巴在供应链领域的领导力以及该企业建设数字化供应链、提升营运效率的能力。华为创始人任正非在固网产业趋势及进展汇报会上强调，强化与产业优质资源战略合作，提高自身竞争力。他所强调的开放合作、分享利益体现着经营管理者对供应链价值的重视，从上游到下游产业链的整体强健是华为生存之本①。供应链上下游企业间稳定且紧密的合作关系有利于实现企业间互利共赢、协同发展。

供应链是围绕核心企业，通过对资金流、物流、信息流的控制，将供应商、制造商、分销商、零售商直到最终用户连接成为一个整体的功能网链结构。上市公司是供应链发展的中坚力量，在激烈的市场竞争中前进、调整、创新，往往作为供应链中的核心企业把握战略机遇，牵引资源配置。与此同时，信息是供应链发展整合的重点要素：一方面，信息在企业原材料获取、生产、销售产品、顾客购买等阶段的管理中占据重要地位；另一方面，信息联系着供应链中的企业节点，本质上体现着供给与需求的关系内容。信息在供应链中流动频繁且变化最快，管理和把握好信息流可以对公司物流、资金流等方面提供正确的决策依据。核心企业（上市公司）是供应链信息交换的中心。在信息处理、披露和传递中，其供应链特征如何影响上市公司本身的决策行为和经济效益呢？不同层次不同类型的供应链特征又有怎样的作用机制呢？构建现代供应链体系必须明晰核心企业与供应商和客户之间的关系及其体现的供应链特征，厘清供应链特征对公司行为和业绩表现的逻辑关系。

本书基于信息机制，结合我国目前供应链发展现状、公司制度环境特点和市场环境特点，采用实证研究方法回答上述问题，深入探究上市公司供应链特征在不同信息层面对公司行为和业绩的影响，挖掘公司价值创造过程中

① 黄卫伟，等. 以客户为中心［M］. 7 版. 北京：中信出版社，2016：173.

供应链特征的治理机制。这对公司客观认知与供应商和客户的关系、行业有序融合发展和推进我国现代供应链建设具有一定的现实意义，也对当前新发展格局下提升产业链供应链现代化水平与促进企业高质量发展具有重要的现实启示。

1.1.2 理论背景

公司为谁而存在？将为谁而存在？究竟应该为谁而存在？在此方面，西方微观经济学和公司理论有两种观点。传统的公司治理是以实现股东利益为中心的，奉行“股东至上”主义，即股东是公司的所有者，拥有控制权，作为投资人追求投资回报最大化，而公司的管理者应对股东负责，如果公司不能为股东带来更高的投资回报率，股东有权更换管理者。因此，这种观点认为，公司是为股东（shareholder）价值最大化而存在的。这种观点在资本市场发达的英、美国家最具有代表性。但是，在现代公司经营环境中，公司具有社会属性，上述观点忽视了公司运营中利益相关者的利益和社会功能。一方面，当公司将追求股东财富最大化作为经营目标时忽视了对员工、客户、供应商、债务人乃至社会的责任，存在着为了公司股东的利益不择手段的可能性；另一方面，股东诚然承担了经营风险，但是有限责任公司的设定使股东并不承担全部风险，只是承担了与其投入资本对应的风险，其他风险反而是其他利益相关者在承担。因此，有观点认为，公司是为利益相关者（stakeholder）价值最大化而存在的（Freeman，1984）。这种观点代表了欧洲和日本公司的看法并得到当地法律的支持。在后工业化时期，随着现实中对公司单纯只追求“股东主权”和最大化利润目标的批判、对公司社会责任和伦理问题的重视，利益相关者被赋予了更多应有的权利。

公司是适应市场经济社会化大生产需要而形成的一种企业组织形式，是以营利为目的的企业法人，是市场经济的参与主体。从公司的定义和目标分析来看，公司经营不仅要将价值增长摆在首位，还要在长期发展过程中满足各方面的利益，履行社会责任。公司治理是一个围绕实现股东最大化财富协调利益的动态过程。在公司发展的不同阶段，股东、供应商、客户、员工和政府的地位不同，其重要程度也会随着历史的发展而转变，但是供应商和客户一直都是十分重要的利益相关者。供应商和客户与核心企业既是利益共同体，又存在目标冲突，这使得供应链关系具有一定的特殊性、复杂性和不稳定性。如何处理好和客户、供应商等利益相关者之间的关系是公司治理面临的重要课题。

随着近年来的供应链竞争加剧，金融学、财务学领域的学者们对供应商和客户关系与公司价值话题的关注逐渐增多，多采用问卷分析、案例分析和实证分析等方法进行研究。研究侧重点多为客户集中度、议价能力等（Wang，2012；Kim 等，2015；Cen 等，2016；Dhaliwal 等，2016；Campello 和 Gao，2017），尤其在上市公司供应链方面的研究中，学者们主要从业绩（陈正林和王彧，2014；李艳平，2017；李欢 等，2018）、融资能力（王迪等，2016；江伟 等，2017；李欢 等，2018）、分析师和审计决策（王雄元和彭旋，2016；方红星和张勇，2016）等方面讨论供应商和客户的关系，较少基于信息机制讨论供应链特征发挥的作用。供应链中核心企业与供应商和客户关系的特点决定了上市公司供应链特征作用机制的复杂性，其中不仅包括供应链上下游企业之间合作协同产生的“治理效应”（陈正林和王彧，2014；王迪 等，2016；李艳平，2017；Krolikowskia 和 Yuan，2017；江伟 等，2017；李欢 等，2018），还包括上下游企业依赖程度不对称、信息不对称等引发机会主义行为的“风险效应”（Itzkowitz，2013；Dhaliwal 等，2016；王雄元和高开娟，2017；江伟 等，2017；Oliveira 等，2017）。此外，供应链信息反映企业经营前景和发展状况，这种信息在资本市场上具有“信息溢出效应”，有利于减少信息的不对称、增加信息的透明度（Johnstone 等，2014；方红星和张勇，2016；王雄元和彭旋，2016；李丹和王丹，2016；江伟 等，2017）。针对供应链特征对公司行为的影响研究，不同学者研究角度和侧重点有所不同，但现有研究结构较为松散，同时受到研究方法、研究数据、研究层次等方面的局限。第一，供应链特征的表现形式、分类不完善，研究维度单一。例如，在国内外学者的研究中，基于企业层面的供应链关系型交易特征研究已逐渐受到关注，但基于高管层面研究供应链特征对公司影响的成果较为匮乏。第二，供应链特征对公司影响的研究结论不统一，有关供应链特征影响公司行为的效应和路径还未厘清，系统性分析不完善。第三，针对我国经济发展转型及新兴资本市场的特点，缺少供应链特征影响公司行为及经营效益的具体机制分析，不能全面反映上市公司供应链特征的相关问题。第四，由于数据的局限性，我国上市公司供应链行业信息并未直接披露，上下游行业紧密程度研究缺失，财务报告中供应链关系的一些重要信息披露存在主观性、随意性和缺失问题，对上市公司供应链特征不同维度的讨论和研究难以开展。

信息是影响市场资源有效配置的关键因素之一。根据供应链的定义，信息流通是供应链内重要的流通内容。信息流通不仅基于供应商和客户之间的需求产生，而且根据供应链关系和市场需求变化不断动态调整，在复杂的市场经济中发挥重要作用。但是，上市公司供应链特征研究中信息的作用一直被忽视。对于核心企业上市公司而言，供应链信息是如何流通、转化和传递的？供应链交易活动具有哪些层面的信息不对称？在信息处理、披露和传递的过程中，不同层次供应链特征在公司投资、融资和获得收益方面起到什么作用？其具体作用机制是什么？主导效应是“治理”还是“风险”？本书通过深度挖掘供应链数据得出上市公司供应链特征的新度量结果，并以此为基础对上述问题一一展开分析，系统研究供应链特征对公司投融资效率与业绩的具体影响及路径，为该领域研究提供新的思路和方法。

1.2 研究意义

供应商和客户作为与公司利益有往来的群体，其参与和投入助推着公司的发展。尽管如此，学者们还未足够重视企业在供应链发展中的信息资源传导路径和作用机制，缺少供应链特征与公司行为决策和经济后果关系的系统性研究。开展供应链特征对公司影响的研究具有重要的理论意义和现实意义。

第一，本书研究高管供应链从业经历对公司业绩的影响，为上市公司供应链治理的多层次研究提供重要补充，弥补高管特征和供应链特征相关研究领域的不足，深化供应链高管的经济效应研究。具体来说，以往关于供应链特征的研究主要侧重于企业层面的客户集中度和客户议价能力等特征（王雄元和高开娟，2017；Krolikowskia 和 Yuan，2017；Hui 等，2019），鲜有文献涉及关于高管层面的供应链特征及作用机制的研究。在笔者大量手工搜集高管从业背景和上市公司上下游行业信息的基础上，本书对公司经营决策主体高层管理人员供应链工作经历进行了整理。研究发现，供应链高管通过上下游行业信息的接收和处理能力等提升公司盈利水平，证实供应链信息在高管层面的价值创造作用。同时，探索供应链高管提升公司业绩的作用机制，在考虑供应链高管开源、节流、商业信用、流动性管理和企业创新等优势的基础上，为全面认识高管层面供应链特征以及供应链高管对提升公司业绩的作用提供了新的证据。本书的研究内容可为上市公司如何通过供应链高管提升公司业绩和可持续发展提供参考。充分认识供应链人才的专家能力、圈子效应、信息枢纽作用，有利于上市公司在运营管理的不同环节做出有利于公司发展的战略决策，逐步完善供应链人才培养激励机制，促进企业间乃至行业间信息交流，不断为公司注入新的生机与活力，增强行业竞争力。

第二，本书研究上市公司供应链信息披露和投资效率之间的关系，考察供应链信息披露行为特征对公司投资的影响，为国内学者讨论供应链信息披露质量及其经济后果的研究提供了新思路。企业层面的供应链信息披露特征只引起了极少数学者的重视（李丹和王丹，2016）。对于企业投资来说，供应链信息披露是否有利于效率的提升？供应链信息是公司信息披露的重要组成内容，但现有关于供应链信息披露和投资效率之间关系的研究仍付之阙如。本书考察了供应链信息披露行为和投资行为的关联性，同时基于我国上市公司供应链信息披露制度探索供应链信息披露抑制公司非效率投资的影响机制。本书为供应链信息披露如何提升投资效率提供了理论依据。本书不仅为公司非效率投资的治理和投资者决策提供了借鉴，还对相关部门进一步规范供应链信息披露政策具有一定的参考价值。对于企业而言，提升供应链信息披露质量有利于减少融资约束和代理成本所造成的非效率投资；对于投资者而言，提升供应链信息披露质量有利于投资者进一步了解企业和供应商、客户之间的关系，降低投资风险和失败的可能性，为投资者决策提供更多参考；对于资本市场监管者而言，规范信息披露，提升供应链信息披露质量，有利于其更加精准地掌握上市公司的具体情况，充分发挥信息传播和监督治理的作用，促进资本市场健康有序发展。

第三，本书研究供应链关系型交易内容特征对公司融资效率的影响，一定程度上为供应链关系型交易在信贷市场的信息传递功能研究拓展了空间。本书不仅考虑了企业与上下游企业之间关系的重要性，还探讨了稳定性以及客户和供应商个体特征质量的影响。已有研究主要是从客户集中度的视角探究供应链关系的重要影响（Campello 和 Gao，2017；李欢 等，2018）。本书通过手工搜集并整理上市公司客户和供应商数据，进一步从稳定性和质量维度分析，检验供应链关系型交易内容特征对公司融资效率的影响以及作用机制。本书发现，上市公司供应链关系型交易对公司融资效率存在治理效应和信号传递作用，为新兴市场国家的供应链关系型交易影响研究提供了新的经验证据。本书从客户和供应商的供应链交易状况入手，考虑上下游企业个体特征对融资活动有效性的影响，丰富了供应链关系型交易的治理机制研究。一方面，本书研究供应链关系型交易内容的信息传递效果有利于公司认识到供应商和客户关系的重要性，及时根据自身和供应链成员企业状况改善投资决策、优化融资结构、提高经营效率；另一方面，本书在供应链金融发展背景下研究供应链关系型交易对企业债务融资的影响，有利于信贷机构根据企业供应链发展具体情况进行判断，明确潜在收益和债务风险，合理制定信贷策略，对提升金融机构贷款质量和金融服务水平具有现实意义。

总体来看，本书基于利益相关者理论和供应链治理理论，在我国经济发展转型和供应链竞争加剧的背景下，从信息视角重点分析公司创造价值过程中供应链特征的作用，针对我国公司经营环境、经营行为和经营后果的特点，全面系统分析上市公司供应链特征对投融资行为和公司业绩的影响。本书通过深入探究不同信息层面中供应链高管、供应链信息披露以及供应链关系型交易特征的作用机制，为完善供应链治理、实现企业高质量发展和现代供应链体系构建提供经验和理论参考，为我国建立有效的供应链人才激励机制、监管部门完善供应链信息披露政策、提升供应链金融服务水平以及企业供应链治理应用和实践提供新的经验证据，对当前新发展格局下提升产业链供应链现代化水平与促进企业高质量发展具有重要的现实意义。

1.3　研究思路与框架结构

本书总体的研究目标是从现代公司金融理论出发，利用上市公司披露和笔者手工搜集整理的高管数据与供应链研究数据，在厘清不同层次供应链特征的基础上，探讨供应链特征的信息传递机制和价值创造效果，从“供应链特征→信息传递有效性→价值创造效果检验”逻辑链条出发，厘清我国企业供应链治理的信息传递影响机制与价值效果，为企业进行供应链整合、提升企业资源配置效率提供理论指导，为识别供应链治理效果与经营风险，实现企业高质量发展与现代化供应链体系构建提供政策建议。具体而言，本书的研究目标有以下几点：

第一，本书构建供应链特征信息传递机制的理论分析框架，为供应链治理理论新发展融入公司金融理论新方法、探寻企业供应链治理促进高质量发展的长效机制提供一种合理的理论解释与支撑。

第二，本书从理论上厘清企业供应链特征的相关概念内涵、范围和度量，更全面和系统地认知企业供应链特征和层次，综合考虑高管层面和企业层面的供应链特征。

第三，本书探究供应链特征对企业决策行为的作用机制，更加注重分析信息资源如何在供应链成员企业间流动、转化和传递；细致探究不同层次和维度的企业供应网络特征的异质性作用，为利益相关者与管理层参与公司治理及供应链治理等问题讨论提供支撑。

第四，本书解析供应链特征信息传递和价值提升效果，围绕公司价值效应，对供应链特征通过信息引导资本配置效率的效果进行系统探究，为投资者理性决策、供应链产业链转型升级和企业优化资源配置提供参考依据。

“机制”一词最早源于希腊文，原指机器的构造和工作原理，一般指各要素之间的结构关系和运行方式。机制引申到不同的领域，内涵有所不同。信息是影响市场资源有效配置的关键因素之一，信息资源是供应链内重要的流通内容。本书研究的信息机制主要是指以核心企业为主导的供应链信息资源获取、处理和运用过程以及信息资源的价值创造和实现过程。同时，本书研究信息机制是从内部和外部两个层面出发：从企业内部供应链信息运行活动来看，上市公司需要对上下游企业财务状况和风险等方面的信息进行接收、理解、把握和运用，该过程影响上市公司做出与供应链上下游企业开展合作和竞争的决策，进而影响上市公司价值创造；从企业外部供应链信息运行活动来看，上市公司通过信息披露和传递与外部信息需求者进行交流和互动，使外部投资者、债权人和社会公众等更加充分了解上市公司的供应链交易风险等真实状况，该过程影响上市公司获取外部资源的支持，即资源配置效率和价值的实现。以上两个层面相互支持、相互补充，内部供应链交易决策离不开外部获取的资金流、物流等资源作为支撑，内部供应链成员协同发展和产业竞争力持续提升保证了外部信息传递的有效性，两个层面具有同步性和统一性。供应链信息机制不仅体现了供应链信息资源的价值实现过程，还体现了供应链特征在公司价值创造过程中的作用。

本书在已有研究的基础上，深入探究供应链特征对公司的影响，以公司创造价值过程中供应链特征的作用为研究出发点，立足供应链信息机制，以上市公司信息处理、信息披露和信息传递为线索，从公司及高管不同层面的供应链特征（供应链高管、供应链信息披露、供应链关系型交易等）入手，考察其如何减少供应链信息不对称以及如何对公司经营管理和长期发展产生作用。本书的研究思路如图 1-1 所示。

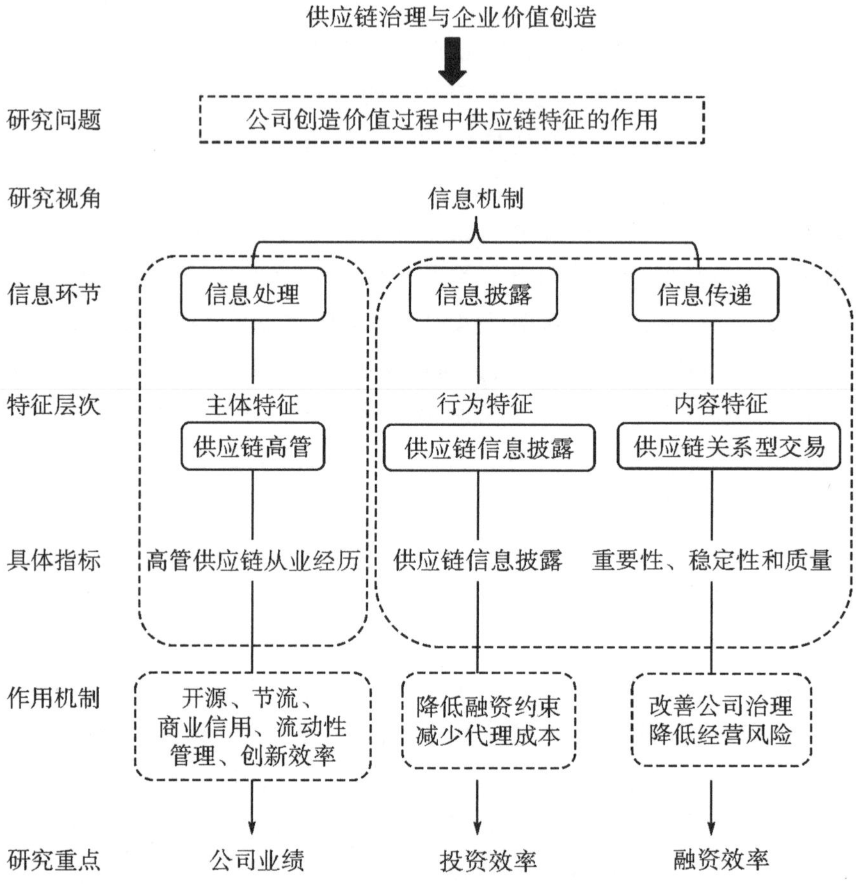

图 1-1　本书的研究思路

在高管层面的供应链特征分析中，本书从信息处理的角度出发，探究供应链高管如何处理供应链信息、完善经营管理决策，并最终提升公司业绩。供应链高管是供应链信息接收的载体，同时也是信息交换的枢纽。作为公司管理层的特征，高管供应链从业经历指标不仅直观体现其作为供应链行业专家的宝贵资源，还体现了圈子效应。本书首先根据高管供应链数据区分上游和下游行业经历，探究供应链高管是否都能为公司创造价值。之后，本书研究具有供应链从业经历的高管如何影响企业市场份额、经营成本、商业信用、流动性管理和创新活动，以明晰供应链行业专家的信息整合能力。本书还检验供应链高管是否有利于降低上市公司与上下游企业之间的信息不对称并为公司可持续发展提供动力。

在企业层面的供应链特征分析中，本书从信息披露的角度分析、检验上市公司供应链信息披露行为特征对公司投资效率的影响，同时进一步从融资约束问题和委托代理风险角度研究供应链信息披露对公司投资效率的作用机制，探索供应链信息披露减少上市公司与投资者之间信息不对称的经济效应。本书从信息传递的角度出发，研究供应链关系型交易内容对我国上市公司融资效率的影响。首先，本书利用公司的供应链关系交易中的重要性指标，即客户和供应商集中度对上市公司融资规模、期限和成本进行分析。其次，本书从企业经营风险和公司治理水平等角度说明供应链关系型交易影响公司融资效率的作用机制。最后，笔者利用手工搜集并整理的上市公司客户和供应商关系稳定性及个体特征数据，检验供应链稳定性以及客户和供应商个体特征质量维度的影响，探索供应链关系型交易内容作为信息在信贷市场传递、减少公司与债权人信息不对称方面的经济效果。

本书主要探讨公司创造价值过程中供应链特征的作用，分析上市公司供应链特征对投融资效率和公司业绩的影响与路径。供应链高管是属于高管层面的特征，供应链信息披露和供应链关系型交易内容均属于企业层面的供应链特征，不同层面供应链特征在不同的信息环节中对公司影响有所区别，在研究过程中应结合具体情况展开分析。本书共分为七章展开研究，主要内容如下：

第 1 章是导论。本章首先阐述研究背景，说明研究的理论意义和现实意义，之后进一步明确研究思路、研究内容和研究方法，最后总结本书的创新之处。

第 2 章是文献综述。本章主要梳理总结供应链及供应链特征的相关概念，同时回顾上市公司供应链特征的研究层次和度量方法，之后延伸讨论供应链特征对公司影响的相关研究，从治理效应、风险效应和信息溢出效应等方面阐述供应链特征对公司经营行为和经济后果影响的具体作用机制，最后对文献进行回顾、评价和总结。

第 3 章是理论基础。本章主要阐明研究内容涉及的利益相关者理论、信息不对称理论、委托代理理论和供应链治理理论等相关理论基础。第 2 章和第 3 章的文献综述和理论基础为后文的分析和实证研究提供逻辑支持。

第 4 章是供应链高管对公司业绩的影响。本章从信息处理角度出发，对供应链高管与公司业绩之间的关系进行实证分析。本章利用企业高管的供应链从业经历对上市公司业绩影响进行分析，同时检验供应链高管在市场占有率、经营成本、商业信用、流动性管理和创新方面的具体影响，以进一步说明供应链高管影响公司业绩的作用机制。

第 5 章是供应链信息披露对投资效率的影响。本章从信息披露角度出发，研究供应链信息披露对公司投资效率的影响，具体研究供应链信息披露是否抑制了公司非效率投资，并进一步从代理成本和融资约束入手探讨供应链信息披露影响公司投资效率的作用机制。

第 6 章是供应链关系型交易对融资效率的影响。本章从信息传递角度出发，检验供应链关系型交易内容对我国上市公司融资效率的影响。在我国，银行信贷是企业融资的一种常见方式和一项最重要的融资来源，因此本章以债务融资规模、融资期限和融资成本三个方面表示融资效率，并从供应商和客户关系的重要性、稳定性和质量维度探讨供应链关系型交易内容特征对公司融资效率的影响及作用机制。第 4 章、第 5 章和第 6 章是本书的实证分析部分，主要目的在于探索公司创造价值过程中供应链特征如何发挥作用，如何影响公司运作。

第 7 章是研究结论、政策建议、研究局限和展望。本章主要是对研究结论的总结，并从我国的实际情况出发对公司如何利用供应链信息进行决策和创造价值、完善供应链人才激励机制和信息披露制度、推进供应链发展水平提升等方面提出相关政策建议，最后指出本书研究局限和未来研究方向。

本书结构安排如图 1-2 所示。

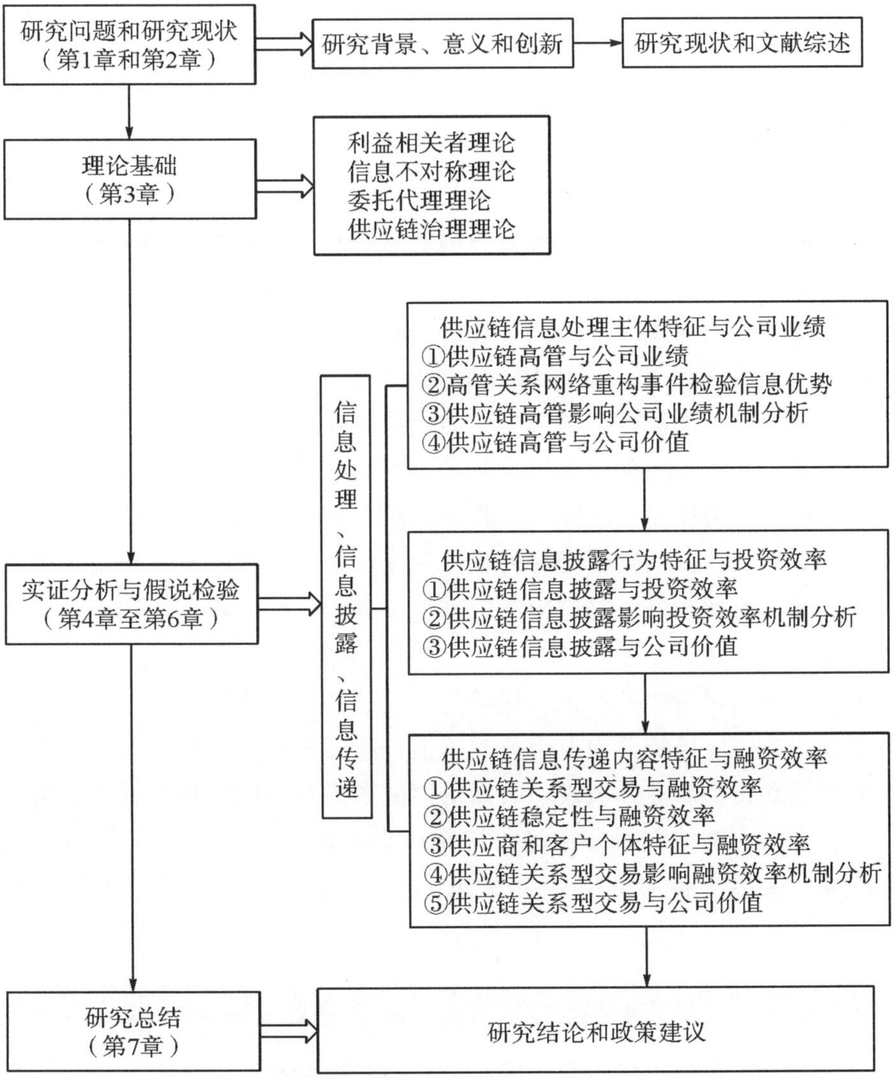

图 1-2　本书结构安排

价值创造是公司经营活动的最终目的，但公司经营不仅要将价值增长摆在首位，还要在长期发展过程中满足各方利益、履行社会责任。本书重点研究投融资效率和业绩表现的原因如下：一方面，投融资效率和公司业绩一直以来是公司金融领域关注的核心问题。投资效率与融资效率是价值提升的因素，公司业绩是价值创造的表现，三者之间联系紧密。公司投资行为驱动价值创造，公司能否获得外部融资对公司的长期发展和投资决策十分关键。另一方面，公司治理是一个围绕实现股东财富最大化协调利益相关者利益的动态过程。结合供应链特征在不同的信息环节的作用，核心企业行为分析侧重点应具有差异性。具体来说，差异性表现为：首先，在供应链信息处理层面，供应链高管主要体现其信息优势，而高管是企业决策管理者，与企业经营行为各方面息息相关，信息优势最直接的体现就是信息价值，因此本书针对供应链高管研究其对公司业绩的作用；其次，在供应链信息披露层面，优质供应链信息披露是有效传递给第三方信息的基础，在复杂的市场经济中发挥信息传递的“桥梁”作用，应先从企业层面考虑供应链信息披露的详尽程度，分析信息披露质量不高带来的问题，如公司内外部信息不对称和管理层监督缺乏等导致的投资不足和过度投资行为，因此本书针对供应链信息披露研究其对非效率投资的作用；最后，在供应链信息传递到信贷市场及金融机构时，银行等债权人往往以供应链交易内容作为评价企业经营状况和作出授信决策的重要依据，因此本书针对供应链关系型交易重要性、稳定性和质量维度内容分析其对公司融资效率的作用。

在以上市公司为中心的供应链信息流动、转化和传递过程中，不同层次和不同维度的供应链特征为上市公司价值创造发挥积极作用。本书厘清供应链特征、公司行为和业绩表现、公司价值的关系与作用机理，有利于清晰揭示上市公司供应链特征对公司经营行为和业绩表现进而对最终目的的影响，明确利益相关者和供应链信息的公司治理作用以及供应链特征的经济价值效应。

1.4 研究方法

本书基于已有的研究内容，借鉴学者们的研究理论和研究方法，结合我国特有的市场环境和经济背景，主要采用以下研究方法：

1.4.1 综合归纳法

综合归纳法主要是指围绕某一问题，通过系统的文献阅读和整理，分析概括与本书所涉及理论观点相关的研究成果，了解目前研究的整体情况和前沿问题，找到现象和问题的本质，最后得出本书对该问题的研究结论。本书在学习和借鉴前人研究成果的基础上对既有公司供应链特征相关研究中尚未充分开展研究的部分予以拓展，以上市公司供应链信息处理、披露和传递的相关问题为导向，通过归纳确定学者们具有共性的研究，同时融入笔者自身的理解进行延伸性研究，最终形成本书的具体研究思路和研究框架。

1.4.2 实证分析法

实证分析法是基于一定的理论基础，通过收集样本而获取可靠数据，之后使用恰当方法进行检验，得到在某种约束条件下可以证实的一般性结论，从而归纳总结事物发展规律并以此指导实践的研究方法。在实证研究部分，本书分别采用描述性统计分析、多元回归分析、内生性分析（2SLS 两阶段最小二乘回归、PSM 倾向匹配得分法、DID 双重差分检验法、Heckman 两步法）、中介效应检验、主成分分析等多种计量经济学方法进行研究。

（1）描述性统计分析。本书手工搜集并整理上市公司的供应链高管特征、供应链信息披露特征和供应链关系型交易内容特征，以此对我国企业的供应链不同层面发展现状进行分类统计和描述性概括，并做出评价。

（2）多元回归分析。本书以 2008—2016 年沪深两市上市公司为研究样本，获取非平衡面板数据，从供应链信息处理、信息披露和信息传递三个层面对公司供应链特征的价值创造作用进行检验。在信息处理层面研究中，本书以供应链高管为解释变量、公司业绩为被解释变量建立回归模型；在信息披露层面研究中，本书以供应链信息披露为解释变量、公司投资效率为被解释变量建立回归模型；在信息传递层面研究中，本书以供应链关系型交易为解释变量、公司融资效率为被解释变量建立回归模型。本书通过模型设计与回归分析发现变量之间的关系，从而验证研究中提出的假说是否成立。

（3）内生性分析。回归分析中往往存在干扰项和解释变量相关的可能性，由此造成了统计上最小二乘法 OLS 的估计结果有偏，具有互为因果、存在遗漏变量、衡量偏误等内生性问题。首先，具有某些特质的公司倾向于聘请供应链高管、披露供应链信息和进行供应链关系型交易，而这类公司的投融资效率和公司业绩状况比较好，模型面临遗漏变量问题。因此，本书采用工具变量法进行 2SLS 两阶段最小二乘回归作为解决方法。其次，公司的业绩和投融资效率较好使得公司选择聘请供应链高管、披露供应链信息和进行供应链关系型交易，产生反向因果问题。因此，本书采用 PSM 倾向匹配得分法以排除该类内生性问题。再次，考虑到供应链信息披露政策变动给供应链高管和供应链信息披露带来一定的影响，本书采用DID双重差分检验法克服该内生性问题。最后，是否聘请、是否披露以及是否交易是公司的自选择行为，因此本书还使用Heckman两步法排除样本选择性偏差。

（4）中介效应检验。中介效应检验主要是研究解释变量对被解释变量的影响时，是否会先通过中介变量，再去影响被解释变量。如果存在此种关系，说明具有中介效应。首先，本书检验供应链高管是否通过提高市场占有率和降低经营成本提升公司业绩、促进可持续发展。其次，本书检验供应链信息披露是否通过减少融资约束和降低代理成本抑制非效率投资。最后，本书检验供应链关系型交易是否通过改善公司治理和降低经营风险提高企业融资效率。

（5）主成分分析。本书在第6章计算公司治理指数过程中，参考以往学者的研究，提取反映我国公司治理机制的特征变量，以此构建反映公司治理综合水平的指标作为中介变量检验供应链关系型交易是否通过提升公司治理水平来提高融资效率。

1.4.3 跨学科综合分析法

本书研究内容涉及的理论基础包含多个层次，具体为现代公司金融和公司治理理论中的利益相关者理论、信息不对称理论、委托代理理论以及社会学领域的供应链治理理论。本书以这些理论为基础，对公司行为和经济后果的影响因素进行分析。

1.5 创新之处

本书的创新之处表现在以下几个方面：

第一，本书以供应链信息机制为立足点，考察上市公司供应链特征在信息处理、信息披露和信息传递三个层面中对公司投融资以及业绩的具体作用，拓宽了利益相关者参与公司治理的研究范畴，为上市公司供应链层面的研究提供了新的视角。近年来在供应链竞争加剧的背景下，供应商和客户等利益相关者关系对公司治理的影响越来越重要，供应商和客户等利益相关者的公司治理作用越来越受到重视。已有研究主要从我国上市公司供应链关系型交易机制内容入手研究其对公司经营行为和经济效益的影响，并从治理效应（王雄元和高开娟，2017；Krolikowskia 和 Yuan，2017；李欢 等，2018）、风险效应（Oliveira 等，2017；孟庆玺 等，2018；Hui 等，2019）和信息溢出效应（王雄元和彭旋，2016；李丹和王丹，2016；Krishnan 等，2017）的视角展开分析。本书从信息机制的全新视角入手，结合我国上市公司多维度、多层次供应链特征分析供应链高管、供应链信息披露和供应链关系型交易对投融资效率与公司业绩的影响，对提升上市公司供应链治理水平、完善供应链信息披露制度、建立有效的供应链人才激励机制以及推动现代供应链的发展具有重要的现实意义。

第二，本书是国内研究供应链高管对公司经营管理行为影响的一次有益尝试。在已有研究中，学者们对高管层面的供应链特征关注不足，只有国外少数学者关注供应链高管的问题（Dass 等，2014；Fich 和 Nguyen，2018）。然而，供应链高管是公司供应链信息接收主体和信息交换枢纽，供应链高管对公司影响有待深入分析。本书借鉴国外学者的度量方法，手工搜集和整理高管数据与供应链研究数据，根据国泰安（CSMAR）数据库的高管背景信息与上市公司前五大客户和供应商明细数据搜集高管工作经历行业信息与上下游企业信息，匹配和识别上市公司的供应链高管，从信息处理角度研究供应链高管的信息优势，丰富了高管背景特征和供应链特征领域的研究，实现了研究数据和度量方法的创新。此外，本书从开源、节流和创新等新的角度进行机制检验，还具体分析上游和下游供应链从业经历如何发挥信息整合能力的作用，并影响商业信用和流动性管理等。本书对供应链高管如何发挥供应链信息处理和整合能力的作用进行细致探究，丰富了高管背景和供应链领域的研究，尤其是加深了对高管层面供应链特征与公司业绩关系的认识。

第三，本书研究上市公司的供应链信息披露对公司投资效率带来何种影响，丰富了公司信息披露与投资效率关系的研究，为国内学者研究供应链信息披露的经济后果以及公司投资效率的影响因素提供了新思路。供应链信息具有溢出效应。尽管已有研究表明供应链信息的披露有利于减少资本市场的信息不对称，增加信息的透明度（李丹和王丹，2016），披露具体内容是分析师、债权人、审计师以及投资者决策者的依据（Johnstone 等，2014；Guan 等，2015；方红星和张勇，2016；王雄元和彭旋，2016；江伟 等，2017；李欢 等，2018），但是已有研究忽视了供应链信息披露对企业投资效率的影响。一方面，公司参与市场竞争的过程中，信息披露质量不高易带来公司内外部信息不对称和管理层监督缺失，从而导致投资不足和过度投资等非效率投资问题。供应链信息是公司信息披露的重要内容，本书侧重于研究上市公司供应链信息披露对公司投资效率带来何种影响。另一方面，已有研究并未对供应链信息披露及其对公司影响机制进行深入探究。本书结合我国供应链信息披露制度特征，研究供应链信息披露与公司投资效率之间的关系，不仅可以客观评价供应链信息披露的作用，为公司非效率投资治理和投资者决策提供借鉴，而且可以为相关部门规范供应链信息披露提供有益的政策启示。

第四，本书丰富了供应链关系型交易对公司融资效率影响的研究内容。本书发现，供应链关系型交易对公司融资效率存在治理效应和信号传递作用，为新兴市场国家的供应链关系型交易对融资效率影响提供了新的经验证据。一方面，已有的有关供应链关系型交易的研究主要反映了供应商和客户重要性的维度（王雄元和彭旋，2016；江伟 等，2017；Hui 等，2019），受限于数据可得性，已有研究缺乏对稳定性和质量维度的分析，而该维度同样影响银行对企业的价值与风险的判断。本书从上市公司的年报中手工搜集并整理公司披露的前五大供应商采购数据和客户销售数据，深度挖掘供应商和客户稳定性特征数据、供应商和客户个体特征数据，比如议价能力、破产风险、区位优势和技术创新水平等。本书从重要性、稳定性以及质量维度出发，对供应链关系型交易如何影响公司融资效率及其具体机制进行深入探索。另一方面，虽然国内外学者逐步展开关于供应链关系型交易对融资效率影响的研究，但存在研究结论不一致的现象（王迪 等，2016；江伟 等，2017；Campello 和 Gao，2017；李欢 等，2018）。国外学者的结论可能不完全适合转型国家的市场现状，同时也很难直接解读我国企业融资难融资贵的实际。本书基于我国新兴市场国家的市场环境特征讨论上市公司的供应链关系型交易是否对公司的融资效率存在显著影响，对融资机构更加合理地制定信贷策略、提升贷款质量和供应链金融服务水平具有现实意义。本书有助于更清晰地理解我国企业通过供应链交易传递信号获取金融支持的内在机制。

此外，在现代公司金融理论中，公司价值最大化是公司经营的最终目标。本书在考察不同层次供应链特征对公司投融资行为和业绩表现的影响之后，进一步以公司价值为关注点，分别分析供应链高管、供应链信息披露和供应链关系型交易对公司价值的影响，完整阐明“供应链特征→公司行为和业绩表现→公司价值”的研究思路，更加清晰地揭示了上市公司供应链特征对公司经营行为和业绩表现进而对最终目的的影响。本书的研究内容不仅弥补了以往仅单独研究供应链特征对公司经营、创新、融资以及业绩水平的影响，而没有对公司经营目的进行深度解读的不足；还证实了利益相关者和供应链信息的治理作用与价值效应，供应商和客户激励着公司可持续发展，供应链信息资源的流动为公司参与市场竞争增加活力和动力。

2
文献综述

企业与供应商或客户之间的关系特征及其经济后果一直是金融学、财务学领域关注的热门话题。我国作为经济发展转型国家具有较为浓厚的关系本位特征，其中供应链关系型交易对公司经营管理有着重要影响。该观点受到理论界和实务界的热议，并逐渐拓展了公司金融研究领域。与此同时，公司其他层面的供应链特征仍在探索中。本章主要围绕上市公司供应链特征及其对公司影响的相关文献进行梳理和评价。首先，本章主要梳理供应链及供应链特征的相关概念，总结本书研究涉及的相关内容；其次，本章回顾上市公司供应链特征的研究层次和度量方法；再次，本章讨论供应链特征对公司影响及作用机制的相关研究；最后，本章回顾文献进行评价和总结，并指出进一步研究的问题。本章的研究内容为后文分析提供了文献支持。

2.1 相关概念的界定

2.1.1 供应链及其内涵的界定

客户和供应商是企业十分重要的利益相关者，它们对企业的日常经营和战略发展等方面具有决定性的影响（Freeman，1984）。近年来，产业经营多元化和交易关系聚焦化的发展趋势使供应链在企业日常经营活动中更加具有普遍性和重要性。但是，供应链是一个相对广义且多维度的概念，关于供应链及其特征的内涵、外延等界定，学术界的研究成果比较丰富，研究角度多元。

（1）供应链的概念。早期的观点认为，供应链是指企业从外部采购原材料和零部件，通过生产转换和销售等活动，再传递到零售商和用户的一个过程，属于制造企业内部的过程。因此，传统的供应链界定局限于企业内部层面，忽略了与外部供应链成员企业的联系和企业之间的目标冲突。随着扩大再生产的发展，供应链的概念扩大到了企业的外部环境。美国学者 Stevens（1989）认为，通过增值过程和分销渠道控制从供应商到用户的流程就是供应链，它开始于供应的源点，结束于消费的终点。Harrison（2001）将供应链定义为执行采购原材料，将它们转换为中间产品和成品，并且将成品销售到用户的功能网链。

我国《物流术语》[①] 中对供应链的定义如下：供应链是生产及流通过程中，产品或服务提供给最终用户活动的上游和下游企业所形成的网链结构。至此，供应链的界定更注重围绕核心企业网链结构关系和企业外部环境变化。在不同的研究领域中，学者们对供应链有不同的理解。在供应链金融研究领域中，供应链是围绕核心企业，通过对资金流、物流、信息流的控制，将供应商、制造商、分销商、零售商直到最终用户连接成为一个整体的功能网链结构（胡跃飞和黄少卿，2009）。在供应链管理研究领域内，供应链是指围绕核心企业，通过对信息流、物流、资金流的协调与控制，从采购原材料开始，制成中间半成品以及最终产品，最后由销售网络把产品送到消费者手中的将供应商、分销商、零售商直到最终用户连成一个整体的网络结构（见图 2-1）。

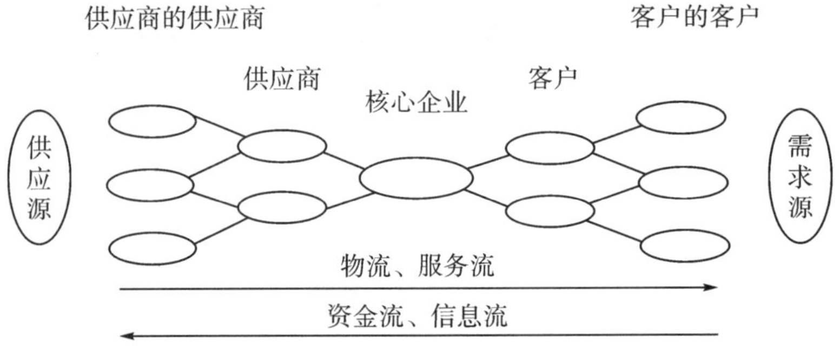

图 2-1　供应链网络结构模型

供应链金融是指供应链中特定的金融组织者为供应链资金流管理提供解决方案。供应链金融的核心是金融主体围绕供应链中的资金流提供金融资源整合等服务。供应链管理是指以供应链运作最优化、成本最小化为目标从采购到满足最终客户的所有供应链运作过程。供应链管理以客户为中心，强调企业核心竞争力。相互合作的共赢理念和优化信息流程是供应链管理的支点。在公司金融领域的研究中，学者们更多关注财务视角下供应链关系型交易的特征，比如客户效应、供应商管理等财务供应链管理方面的内容（Dhaliwal 等，2016；Krolikowskia 和 Yuan，2017；王雄元和高开娟，2017；李欢，2018）。也有学者结合供应链金融的相关理论，考察供应链客户关系对我国企

① 2001 年 4 月 17 日，我国正式发布了《物流术语》国家标准（GB/T 18354-2001），并于 2001 年 8 月 1 日起正式实施。

业获取银行贷款的影响（Campello 和 Gao，2017；江伟 等，2017；李欢 等，2018）。可见，对供应链金融的研究在不同领域中并不是完全独立的，而是具有交叉性和重合性。伴随着供应链金融发展和服务水平的提升，学者们正不断扩充该领域的研究。由于供应链只有约 30 年的历史，因此供应链的概念在不同研究领域的界定和研究重点有所不同。

（2）供应链的内涵及本质。国内外学者从不同的角度关注供应链的内涵及本质。Crosby 等（1990）指出，供应链伙伴在以往商业贸易往来基础上产生对未来继续合作的依赖性。同时，供应商、制造商企业和客户之间的信任关系与承诺意愿组成了供应链企业合作的主要内容（Johnson 等，1996）。Maloni 和 Benton（2000）认为，供应链内部成员之间为了达成特定目的需要建立稳定的协调关系。Fynes（2005）强调，供应链交易关系往来包含成员企业等合作伙伴为了持久且稳定的商业关系所做的积极努力。同时，该学者从合作、承诺、满意、信任、交流等维度做了进一步说明。Huntley（2006）进一步拓展了供应链的内涵，认为这种关系不应该只局限于商业合作的往来过程中，也不适合只用合作、承诺、信任等维度来度量，供应链的研究更应该考虑社会因素和经济因素等外部因素的影响。Su 等（2008）的研究中与 Huntley 一脉相承，但是具体的维度略有差别，增加了氛围这一维度。Flynn 等（2010）引入了供应商整合、客户整合等分析内容，认为供应链企业为了实现服务流、资金流和信息流高效运营，成员之间同时参与业务流程管理和优化战略合作。国内学者对供应链研究领域也较为重视。廖成林等（2008）和叶飞等（2009）认为，上游和下游企业依照合同与契约方式维持，通过风险分担、信息分享同时进行利益共享的协议关系和长期稳定的合作伙伴关系，具有长久且稳定的供应链优势。陈正林等（2014）从供应链组织和业务发展思考企业内部和企业之间的关系，认为突破单个企业范围，并且各企业在建立合作伙伴关系的基础上利用集成化计划和控制系统共同影响供应链优化。王迪等（2016）基于社会资本的角度探讨并阐明供应链交易不仅指企业和客户、供应商在经营中通过采购和销售活动建立起来的商业关系，还包括其衍生的私人关系等。李维安等（2016）认为，供应链是指成员企业以稳定持续交易行为为目的，通过契约和社会关系嵌入所构成的供应链利益相关者之间的制度安排及其带来的持续互动过程。可见，供应链的内涵十分丰富，包含多方利益博弈之后形成的信任和承诺，属于商业行为，是一种非正式制度安排。

2.1.2 供应链特征的相关概念

供应链是一个网链结构，其主体构成主要有核心企业、供应商、用户等，每一个企业都是一个节点，节点与节点之间的联系本质上就是供给与需求的关系。一般来说，供应链具有复杂性、动态性、面向用户性和交叉性等基本特点。通过对供应链概念、内涵和本质的分析，学者们对供应链及其特征的理解存在差异，并且多数学者都是从供应链内容特征的角度展开分析和探讨的，但是没有形成一致的结论。本书认为，企业在经营活动中与下游客户、上游供应商之间通过长期交易、合作、谈判和博弈而形成的多层次、多维度的商业关系构成了供应链的基本内容。因此，对供应链特征的研究不能只注重围绕核心企业的网络关系进行分析。信息是供应链重要的流通内容，信息流通不仅基于供应商和客户之间的需求产生，而且基于供应链关系和市场需求变化不断动态调整更新。如果信息把握不及时，对物流和商业流通也会产生负面影响。信息是影响市场资源有效配置的关键因素之一，但是关于供应链特征的研究对信息流的作用的研究一直被忽视。为了能够对供应链特征有更为深刻的理解和认知，本书立足供应链信息机制分析上市公司不同维度的供应链特征。

在已有研究的基础上，上市公司作为供应链核心企业与下游客户、上游供应商形成销售和采购业务联系等多维度商业交易特征，合作、谈判和博弈过程中相关的多层次公司治理特征构成了上市公司供应链特征的基本内容。上下游企业交易往来产生的认同感和信任度有助于信息资源在供应链企业之间流动，供应链信息机制不仅体现了供应链信息资源的价值实现过程，还体现了供应链特征在公司价值创造过程中的作用。本书研究的信息机制主要是指以核心企业为主导的供应链信息资源获取、处理和运用过程以及信息资源的价值创造和实现过程。从企业内部供应链信息运行活动来看，上市公司面临对上下游企业财务状况和风险信息接收、理解、把握、运用的过程，最终对供应链成员企业开展合作竞争决策效果产生影响；从企业外部供应链信息运行活动来看，上市公司通过信息披露和传递与外部信息需求者进行交流和互动，使外部投资者、债权人和社会公众等更加充分了解上市公司供应链发展状况和交易风险等，从而提升资源配置效率。如果从信息机制来分析核心企业供应链信息资源运动的过程，其由内而外主要分为三个层次，即信息处理、信息披露和信息传递，分别对应供应链信息处理主体特征、供应链信息披露行为特征和供应链信息传递内容特征。

（1）供应链高管。信息处理主要是指信息使用者对信息理解、把握和运用的过程。对于上市公司而言，管理者特征关乎企业日常经营管理，管理者是最直接的信息使用者。管理者对供应链信息的接收和理解受到其自身工作经验、知识水平和所处经济环境的影响。如果管理者对信息接收和理解存在偏差，则易造成不恰当的判断和经营决策，影响上市公司在上下游企业之间的合作竞争和长期发展。从广义的角度来讲，供应链高管不仅是供应链信息接收、把握和运用的主体，还兼具处理和沟通上下游企业信息的职能。本书首先从供应链信息处理主体特征研究供应链高管在公司创造价值过程的作用。供应链高管是指上市公司具有供应链从业经历的高管。参考供应链工作经历（Dass 等，2014；Fich & Nguyen，2018）以及公司高管其他工作经历的相关研究（周楷唐 等，2017；虞义华 等，2018；杜勇 等，2018），本书以上市公司的高管在任职之前是否具有供应商或客户所在行业的从业经历为判断依据。

（2）供应链信息披露。信息披露主要是指上市公司以招股说明书、上市公告书以及定期报告等形式，把公司及与公司相关的信息向投资者和社会公众公开披露的行为。信息披露行为是上市公司向投资者和社会公众全面沟通信息的桥梁。良好的信息披露不但能够有效缓解供需双方在市场交易中的信息不对称，提升资金、物流等方面的配置效率，还可以为外部投资者监督和评价上市公司的经营管理行为提供依据（Healy 和 Palepu，2001）。因此，上市公司全面、及时、充分地进行信息披露至关重要。本书从信息披露的角度分析供应链信息披露行为特征。供应链信息披露是指上市公司供应链信息披露的行为以及详尽程度。上市公司披露的供应链信息一般包括以下几项内容：机构排名、业务往来机构名称、业务关系、业务类型、金额、占年度业务总额比例、币种以及说明。有的上市公司披露金额明细及往来机构名称，有的上市公司则只披露金额明细，往来机构名称属于自愿披露信息的内容。参考供应链信息披露的研究（李丹和王丹，2016），本书以上市公司是否披露供应商或客户姓名作为判断供应链信息获取是否可用和可用程度的依据。

（3）供应链关系型交易。信息传递主要是指上市公司通过向外部市场积极传递信息，使外部投资者、债权人和社会公众更加充分了解上市公司经营管理和供应链发展等真实状况，从而做出正确的投资抉择。上市公司作为核心企业在经营活动中与下游客户、上游供应商之间通过长期交易、合作、谈判和博弈形成了供应链关系型交易内容。其作为一种信号传递给银行、投资者、审计师、分析师等，影响第三方行为决策。本书从信息传递的角度分析供应链关系型交易内容特征对债权人授信决策的影响。供应链关系型交易是指企业与主要供应商和客户在日常的生产经营活动中，基于战略合作、了解程度和信任关系形成的一种商业交易模式。参考以往相关研究（Patatoukas 等，2012；方红星和张勇，2016；李增泉，2017；Krolikowski 和 Xuan，2017；江伟 等，2017），本书主要分析上市公司作为供应链核心企业与供应商之间的关系型交易和企业与客户之间的关系型交易，即供应商关系型交易和客户关系型交易，并从该特征的重要性、稳定性以及质量维度深入探索。

结合国内外文献对供应链内涵的研究，考虑中国上市公司作为供应链核心企业的特点，本书立足信息机制，分析中国上市公司在供应链信息处理、披露和传递层面中的主体、行为和内容特征，研究上市公司供应链高管、供应链信息披露以及供应链关系型交易等内容如何影响企业的经营管理和公司业绩，并注重不同层面特征对公司的异质性作用。

2.2 供应链特征的研究层次及度量方法

2.2.1 基于企业层面的研究

从企业层面来看，目前学者们主要围绕供应链关系型交易这一特征开展研究，对供应链中的企业层面其他特征的关注较少。加之近年来我国产品市场竞争的加剧和企业间交易成本的提高，加大了企业建立在供应链交易中寻求新客户和战略合作伙伴的难度，因此供应链关系型交易内容被企业十分重视。本部分聚焦供应链关系型交易的属性、分类、发展背景和度量。

（1）供应链关系型交易的属性。认识关系型交易是深入理解供应链特征的重要前提，也是解读我国上市公司供应链特征的出发点。Willianmson（1979）最早提出关系型交易的概念，认为交易主体在专门化交易形成长期契约关系的基础上具有关系专用型特征，由此得知交易方依赖关系在供应链中断时容易造成巨大损失，同时引发机会主义行为。之后国内外学者也沿用了此概念，认为关系型交易是隐性关系契约，可以通过私下途径进行信息交流和传递（Kong，2011），同时还是企业商业往来建立信任的非正式制度（赵秀云，2015）。与发达国家重视市场化交易模式有所不同，发展中国家由于市场机制发展不成熟、信息不对称程度较高，因此企业之间的信息壁垒加大，获得生产要素成本提高。关系型交易内容在中国的研究更具有特殊的背景。李增泉（2017）指出，根植于中国特色制度的关系型交易模式与西方市场化交易模式具有根本的不同。中国企业的关系型交易模式研究是多维度的，如集中的股权结构、普遍的政商关系、集团内部的关联交易以及集中的供应商和客户关系等。在我国，供应链关系型交易是关系型交易中的一种重要交易类型。供应链关系型交易是指企业与主要供应商和客户在日常的生产经营活动中，基于战略合作、了解程度或信任关系形成的一种商业交易模式。

（2）供应链关系型交易的分类。学术界对供应链关系型交易的维度的讨论因划分标准不同而不同。例如按行为过程划分，供应链关系型交易包含合作、承诺、满意、信任等内容；按照研究对象划分，供应链关系型交易包含企业和客户、企业和供应商以及三者之间互相作用和影响的状态；按照交易性质划分，供应链关系型交易包含合作和竞争两大类型。此外，从交易行为过程划分，Fynes（2005）和 Su 等（2008）的研究认为，信任、交流、合作、适应性、氛围等维度可以用来衡量供应链内容特征。因为供应链关系受到外部环境的影响，所以 Huntley（2006）认为，供应链交易内容包含合作、承诺、满意、信任，还包括交互环境、应变因素等。Swink（2007）从价值链角度出发将供应链关系分为战略、流程、供应商和客户等多个维度。姜骞（2016）认为，企业的供应链交易体现的是一种信任关系，结合中国的经济情境将其分为计算信任、能力信任和善意信任。不同于信任机制，李维安等（2016）从利益分享和关系协调机制划分，认为供应链关系型交易包含信任、声誉、关系和信息四个维度。从交易对象角度划分，Frohlich（2001）从上下游维度考虑供应商关系和客户关系。进一步地，Flynn（2010）引入了内部整合的概念，剖析供应商、客户、企业内部三个维度。国内学者陈正林等（2014）从公司与上下游企业之间业务规模和稳定性维度分析供应链关系。王迪等（2016）从交易性质讨论了供应链关系中的竞争和合作。方红星和张勇（2016）、李增泉（2017）对供应链关系的讨论主要集中在供应商和客户两个维度，即企业与客户的销售关系、企业与供应商的采购关系。

（3）供应链关系型交易的发展背景。公司与其供应商和客户关系的发展在不同的时期具有不同的特点，其主要经历了三个重要时期，即博弈关系时期、合作关系时期和战略联盟时期。

①博弈关系时期。1975年以前，企业所处的市场是供不应求的卖方市场，消费者并没有产品多样化需求，企业只要生产就能销售。Walker 和 Weber（1984）认为，企业生产制造成本因素的影响远远大于用户需求不确定的影响。这种市场状态是企业和客户、供应商之间的商业往来更注重短期盈利而忽视了长期与供应链和客户合作的稳定性（Dwyer 等，1987）。在这一阶段供应链特征表现出企业与上下游企业合作程度较低，企业和客户、供应商沟通往来较少。

②合作关系时期。随着市场的快速发展，企业面临着市场多样化的需求，企业只围绕生产的经营逐渐不可行，用户的体验、偏好、需求是生产中需要重要考量的因素。因此，企业为了和竞争对手抢占先机，实行纵向一体化战略，利用并购等手段向上下游扩大经营边界，降低市场风险。同时，企业通过第三方业务外包分散经营风险（La 和 Maltz，1992），通过和其他企业合作分享资源、提供技术支持（Stank，1999）。由此，企业建立的紧密合作有助于提高企业本身的产品质量和服务水平（Rinehart 等，2004），其中信任和承诺发挥了重要作用（Golicic 和 Mentzer，2006）。在此阶段，企业和上下游企业之间的合作关系更加明显。

③战略联盟时期。当市场竞争由供应商主导转向了客户主导，企业更需要及时灵活调整供应链关系以应对外部迅速变化的市场环境，企业与供应商、客户的关系表现不仅涉及采购、销售环节，还涉及共享信息和资源互补，是为了实现共赢的伙伴关系和战略联盟的关系（Mentzer 等，2000）。信息共享和风险分担是该阶段重要的特征（Hofer 等，2009）。

可见，企业、供应商和客户之间表现出竞争、合作、联盟的关系，这种供应链成员企业的发展随着企业生产、用户需求和市场环境具体情况而变化。

（4）供应链关系型交易的度量。供应商和客户作为核心企业（上市公司）重要的利益相关者，对企业的经营决策等许多方面都有深刻的影响。拥有紧密稳定的供应链合作伙伴使企业拥有长期的竞争优势。对于供应链关系型交易状况的度量，学者们不断加以发展和完善。目前，在公司财务领域，国内外学者常用“前五大客户销售收入与总销售额比值”或“前五名供应商采购额占总采购额比值”量化客户或供应商关系，反映客户关系型交易和供应商关系型交易的内容（方红星与张勇，2016；王迪 等，2016；李增泉，

2017；李艳平，2017）。该指标数值越大，说明公司对供应商或客户依赖程度越高。之后，学者们在此基础上衍生出新的指标反映供应商或客户对公司的重要性，基于供应商或客户集中度构建供应链关系型交易指标，即“前五大供应商采购额占比的赫芬达尔指数”和“前五大客户销售占比的赫芬达尔指数”。国内外学者的研究都较为重视客户集中度，并且以大客户销售比例的平方和表示（Patatoukas 等，2012；Krolikowski & Xuan，2017；江伟 等，2017；Campello 和 Gao，2017；李欢 等，2018）。其主要原因是美国上市公司不披露供应商信息，加上现代市场竞争是买方市场为主导的竞争，因此学者们较多关注客户关系，国内学者一般以当年前五大客户销售占比的赫芬达尔指数度量。具体计算公式如下：

$$\mathrm{CHHI}_{it} = \sum_{j=1}^{J} \left(\frac{\mathrm{Sales}_{ijt}}{\mathrm{Sales}_{it}}\right)^2 \tag{3.1}$$

其中，i 表示企业，t 表示年份，j 表示企业的客户，CHHI 表示以公司前 J 位客户计算的客户集中度，Sales_{ijt} 表示公司 i 在年份 t 向客户 j 销售前利润率，Sales_{it} 表示公司 i 在年份 t 的总销售额。若将销售额替换为采购额，同理可得供应商集中度指标 SHHI。CHHI（SHHI）指标不仅反映了公司主要客户（供应商）与公司之间的互动关系，还反映了公司主要客户（供应商）的相对重要性。该指标数值范围为 0～1，且较高数值对应更集中的客户（供应商）群体。

随着供应链关系型交易研究的深入，供应商关系型交易和客户关系型交易的度量方法也在不断深入。客户集中度或供应商集中度主要反映上市公司作为核心企业与客户或供应商之间的紧密关系和依赖性，属于供应链关系型交易的重要性维度。但是，仅仅靠客户或供应商集中度指标很难全面反映供应链关系型交易的真实内容，更不能反映供应链的稳定性。只有极少数学者基于分析师层面探讨客户稳定的作用（王雄元和彭旋，2016），并且以当年前五大客户上一年重复出现的比例衡量客户稳定性。关于供应链关系和客户关系的稳定性与质量方面对公司影响的讨论有所缺失，有待进一步探究。

此外，随着供应链研究的深入发展，关于企业层面的供应链信息披露特征已引起少数学者的重视。Ellis（2012）对上市公司供应链客户信息披露决策的影响因素开展研究，认为该决策是企业面临着缓解与投资者之间信息不对称的收益和通过披露信息来帮助竞争对手的成本之间的权衡。其研究发现，专有化成本显著降低供应链客户信息意愿。王雄元和喻长秋（2014）的研究也得到了一致的结论。之后，李丹和王丹（2016）首次从股价同步性角度对供应链信息披露的影响进行分析，发现上市公司披露客户身份增加了投资者获取信息的渠道，使股价同步性降低。客户和供应商信息不仅反映公司层面的信息，还反映了行业层面的信息。供应链信息披露有利于行业信息的共享，改善资本市场信息环境。对该供应链特征开展研究具有重要的理论价值和现实意义。

2.2.2 基于高管层面的研究

国外极少数学者在关注高管供应链背景并不断完善对供应链高管的度量。Dass 等（2014）的研究证实了具有供应链从业经历的高管作为供应链信息的接受者，有利于把握行业趋势，减少行业发展负面冲击的影响，带来显著的信息优势。Fich 和 Nguyen（2018）从公司并购的角度入手研究公司高管的供应链经历，即收购方拥有目标公司供应链行业经验的首席执行官（CEO）具有财富效应。该类收购也表现出更高的协同效应、更好的并购会计绩效、更少的商誉注销以及更低的目标应付终止费的概率，这主要源于供应链高管的价值创造和协商谈判能力。

目前，国内学术界对高管层面的供应链特征的研究仍有缺失。一方面，由于会计准则至今未强制要求上市公司披露完整的供应链状况，研究者很难取得较为精确的数据，难以获得企业明细数据与上下游行业信息。首先，企业供应链信息披露不足，研究者难以获取上下游企业明细数据。其次，企业披露的供应链信息模糊不清。例如，对同一家供应商，A 公司报告企业全称，B 公司报告企业简称，识别相同的供应链企业存在严重困难。最后，由于企业多元化经营的问题，研究者难以通过公司名称、产品来识别供应链企业所属的行业。另一方面，研究者难以从上市公司披露的高管背景中直接获得高管的行业从业经历信息。对高管的从业背景，CSMAR 数据库给出了银行从业经历、从政经历、海外经历和学术经历等信息，并未给出供应链行业信息，因此研究者对高管曾经工作过的单位信息及其行业信息只能从高管简历当中手工整理和加工。公司高管从业经历和上下游行业信息的双重缺失都使得高管层面的供应链特征的研究难以开展。

高管层面的供应链特征的研究主要集中在供应链高管层面，主要以公司高管在上任前是否具有所在公司的供应链行业经历为度量标准，但关于高管供应链经历对公司经营运作的影响机制有待进一步深入探究。

2.3 供应链特征对公司影响的相关研究

供应链中企业与供应商和客户的关系的特点决定了上市公司的供应链特征对企业作用机制的复杂性，具有多方博弈和共同因素作用的特征，其中不仅包括供应链上下游企业之间合作协同产生的治理效应，还包括由于上下游企业依赖程度不对称、信息不对称等引发机会主义行为的风险效应。供应链不同层面的特征具有“双刃剑”作用。此外，供应链信息反映企业经营前景和发展状况，这种信息在资本市场上具有信息溢出效应，有利于减少信息的不对称，增加信息的透明度。本部分从供应链特征对公司影响的作用机制进行讨论，并从治理效应、风险效应和信息溢出效应三个角度梳理供应链特征对公司影响的相关内容。

2.3.1 治理效应

供应链上下游企业紧密和稳定的合作关系对核心企业带来多方面的有利影响。供应商、客户和核心企业的合作关系稳定性越高，企业之间的信任程度也就越高（Farndale 等，2010）。在此基础上，成员企业协同合作不仅能促进企业与上下游行业之间信息共享、减少市场需求变化所带来的不确定性（Kinney 和 Wempe，2002），还能抑制供应链成员之间的机会主义行为，降低合作风险（Ghosh 和 Fedorowicz，2008；崔蓓和王玉霞，2017）。关于供应链特征具有治理效应，本部分主要从以下四个方面进行分析：

第一，稳定的供应链关系对公司业绩和市场价值有直接的作用。陈正林和王彧（2014）通过构建反映公司与上下游企业集成程度的计量指标，验证了供应链集成对公司财务绩效的促进作用，即通过降低公司的期间费用、提高资产使用效率以及向上下游合作者部分让利等途径推动公司财务绩效的提高。李艳平（2017）以 2007—2015 年上市公司数据为样本，基于存货管理效率的中介效应视角，说明了供应链关系有利于提升企业的财务绩效，并且这种效应在市场竞争力弱的企业中更为明显。国外学者十分关注供应链关系对公司价值的影响，并开展了一系列研究。Shahrur（2005）从并购活动的角度说明企业对供应商、客户、竞争对手的并购行为能显著给企业带来的财富。

企业对商业往来的主要供应商、客户进行并购会提升企业的竞争力。如果供应链关系集中程度较高的话，并购活动中合并企业的购买力增加更明显。所以说，稳定的供应链关系还有利于核心企业并购绩效的提升，同时还为竞争对手、供应商、客户带来正的非正常收益。Patatoukas（2012）在利用客户集中度度量供应链关系时发现，客户关系越稳定，企业的市场回报率越高。Dass 等（2014）从高管背景的角度入手，发现有供应链行业背景的高管通过利用自身专家的信息优势帮助所在企业获得更多的行业信息，直接推动企业市场价值的提升。企业与上下游企业关系稳定会使得企业间风险共担（崔蓓和王玉霞，2017），有利于企业治理水平的提高（Chang 等，2015）。经营风险的减少可以让企业有较为充足的现金流。

第二，供应链企业之间的稳定合作还对公司的成本管理发挥重要作用，有利于企业之间的风险分担。Heide 和 Miner（1992）从企业和客户关系的角度研究企业的成本问题，发现客户往往扮演着监督者和建议者的角色。企业和客户在供应链中就双方共同面临的成本、产品设计以及需求预测等方面起到帮助彼此解决问题的作用。我国学者的研究角度具有延伸性。王雄元和高开娟（2017）在研究中利用客户采购比例衡量核心企业与客户关系，证实企业与客户之间的紧密合作有助于降低与该客户相关的客户维护成本等调整成本，或者影响管理者的乐观预期。这种效应对于作为核心企业的上市公司而言进一步导致成本黏性降低。江伟等（2017）发现，供应链关系通过合作效应降低了企业的成本黏性，但略有不同的是客户集中度和成本黏性两者之间呈现“U”形的非线性关系，即随着客户集中度的上升企业成本黏性呈现出先减弱而后又增强的特征，并且这一特征只存在于非国有企业中。焦小静和张鹏伟（2017）研究发现，稳定的客户关系的公司治理效应比较显著，客户监督能够降低公司的代理成本，尤其是治理水平越高的公司，股利支付水平和派现意愿也越高。

第三，供应链企业合作程度和公司创新关联性较强，体现公司发展前景并带来公司长期价值的增长。企业的创新离不开对市场前沿信息的了解和对行业发展的把握，信任、沟通和合作等有利于创意在供应链行业之间的产生和成果转化。张首魁和党新华（2009）、Chang 等（2015）的研究都发现彼此信任、贸易合作、沟通交流和协调促进着创新过程中创意的产生、转化和扩散。Chen（2014）从理论推导的角度进行了研究。在此基础上，徐可等

(2015）的研究从供应链关系质量角度切入，讨论创新的影响因素，针对高新技术制造企业进行分析，利用问卷调查的方式探讨供应链关系质量与创新价值链作用，并探索知识螺旋中介效应和供应链整合调节效应，发现链供应链关系质量的行为过程对创新价值链有积极的显著影响。Krolikowskia 和 Yuan (2017）从交易成本理论的框架下讨论客户集中度和创新问题，结果发现供应链关系中企业与客户关系越好意味着核心企业面临着越高的转换成本，这就促使供应商投资更多，加大在公司的研发创新投入力度，使自己变得更有创新力。稳定的供应链合作关系能让核心企业更好地进行资源配置，从事多样化产品的开发和实现创新效率的提升。

第四，供应链关系提升企业的融资能力和融资效率，在企业向金融机构借款时发挥积极作用。近年来，国内外学者从利益相关者的角度出发，探索企业和供应商、客户之间的关系对融资效率的影响。在美国，企业的客户集中度是银行进行授信评估活动的重要参考依据。Kim 等（2015）发现，客户业绩显著影响公司所得贷款条约。国内学者立足于我国新兴市场环境的特点进行研究，以我国上市公司为样本。王迪等（2016）认为，上市公司的供应链关系对银行授信同样重要，供应链关系越紧密，企业所得银行贷款能力越强，并且这种借款优势在议价能力较高的企业表现得更加突出。江伟等 (2017)、李欢等（2018）通过进一步研究发现，稳定的客户关系对长期受信贷歧视的民营企业来说，能在某种程度上缓解其融资约束，满足企业的外部融资需求。

紧密的供应链关系使核心企业和上下游企业的业务关系更具有稳定性，可以从成本管理、创新研发、融资效率等不同的角度和作用机制提升公司价值，使治理效应正面作用于公司。

2.3.2 风险效应

然而，上下游企业关系紧密是把“双刃剑”，绑定与供应商、客户的关系也可能导致核心企业存在被“敲竹杠”的风险，给公司带来一定程度的负面影响。供应链成员之间相互独立，基于有限理性参与经济活动，这很容易导致机会主义行为。Williamson（1985）以美国上市公司为研究样本，发现虽然上市公司（作为供应链中的核心企业）有维系稳定客户关系的强烈动机而进行关系专用投资，但是客户会由此利用自身议价能力要求核心企业增加越来越多的关系专用投资。关系专用投资因为这类承诺性投资一旦发生便被关系锁定，很难撤销或收回。

一方面，供应链合作中产生的负面作用主要是来自客户议价能力增强所带来的“敲竹杠”效应。首先，供应链关系对企业绩效和市场价值有负面作用。Gosman 等（2004）认为，企业迫于大客户的压力，可能在不得已的情况下对客户做出延长商业信用、降低销售价格以及储备超额存货等方面的妥协，具体表现在客户集中度越高，企业对客户依赖性越强，大客户的强势地位越明显，从而使其议价能力越强。唐跃军（2009）和李欢（2018）从供应商议价能力的角度证实供应链关系与公司业绩负相关。由此可知，供应链关系紧密会使得公司对客户（供应商）的依赖程度增强，转换成本增高。当客户（供应商）议价能力提升时，核心企业盈利能力减弱。其次，供应链关系对成本管理行为也具有一定的负面影响。王雄元和高开娟（2017）在研究客户关系和企业成本黏性问题时，也分析了合作效应和“敲竹杠”效应，并证实了“敲竹杠”效应在关系专用性投资高的样本客户中存在。江伟等（2017）发现，企业的客户集中度虽然不会对国有企业的成本黏性产生影响，但当民营企业是大客户时，销售额对企业成本黏性具有显著的负面影响。最后，客户和供应商议价能力对企业创新活动的有效性具有负面影响。Krolikowskia 和 Yuan（2017）在研究中对供应链关系进行区分，与客户关系的好坏和客户议价能力的高低应该分别加以区分，并发现客户的议价能力变强会强化“敲竹杠”效应，导致企业创新投入有所减少。

另一方面，供应链关系紧密度高隐含着核心企业财务经营风险和财务困境成本的问题。当客户与供应商关系的专有化和集中程度较高时，合作关系的终止会使企业原有的专有化投资失去价值并面临高昂的转换成本（Titman 和 Wessels，1988）。Wang（2012）发现，企业建立和维系客户关系需要保证一定水平的专项投资，确保企业资金量充裕。因为一旦供应链关系终端企业因客户议价能力提高而面临高昂的财务困境成本，企业需要降低股利支付来确保企业充足的自由现金流，所以企业客户关系与股利支付水平呈负相关关系。Oliveira 等（2017）的研究发现，客户的财务困境风险会对企业资本结构产生重要的影响。从表面上看，高客户集中度使企业锁定了大客户，具有了市场竞争优势，但其实这对于企业来说，也意味着较高的经营风险。这种风险既包括了企业与主要客户之间交易关系的中断风险，也包含着企业的竞争对手与主要客户与之间建立起来的战略联盟关系。这些经营不确定性都会导致企业经营业绩的不稳定和恶化（Dhaliwal 等，2016）。Dass 等（2014）认为，好的供应链关系与公司价值存在利益冲突的可能性，如果董事来自企业的上下游行业并和对应企业结盟，就有可能做出有利于企业客户或供应商的决策，进而增加企业的成本，损害核心企业股东的利益。Itzkowitz（2013）认为，某个客户占企业销售收入的比重高会显著影响企业的经营成果和财务状况。为了降低失去这个重要客户所带来的潜在风险，核心企业有动力持有更多的现金以保证公司正常运营。企业基于预防动机持有的现金会随着客户关系重要性的提升而提升。企业建立客户关系需要增加专项投资，为了确保有充足的资金，一旦供应链关系中断，企业因客户议价能力提高而面临高昂的财务困境成本，因此企业需要降低股利支付来确保企业充足的自由现金流（Wang，2012）。当上市公司对客户的依赖性较高时，客户议价能力较强，在谈判中处于优势地位。已有的研究证实了公司为了稳定客户关系降低生产要素价格（Williamson，1985），创新租金被蚕食（Hsu 等，2015），客户延期支付货款（Gosman 等，2004），核心企业要避免客户流失带来的关系破裂风险（Banerjee 等，2008）。承担潜在的流动性风险和转换成本，增加了公司的经营风险和财务困境风险。

2.3.3 信息溢出效应

2006 年，中国证监会制定并发布了《公开发行证券的公司信息披露内容与格式准则第 9 号——首次公开发行股票并上市申请文件》（2006 年修订版），该准则首次提及上市公司披露采购或销售比例超过 50% 的供应商和客户。2012 年修订后的《公开发行证券的公司信息披露内容与格式准则第 2 号——年度报告的内容与格式》鼓励上市公司在其年报中分别披露前五名供应商和客户的名称及采购金额、销售金额。供应链信息披露可以直接反映企业经营前景和发展状况，这种信息在资本市场上进行传递，有利于减少信息的不对称，降低交易成本，增加信息的透明度。这种信息成为分析师、债权人、投资者决策者的依据。

首先，供应链信息披露有利于行业信息的共享，改善资本市场的信息环境。Olsen 和 Dietrich（1985）证实了供应链信息在纵向层面传递的现象，他们发现客户的销售公告将会引起核心企业在资本市场上的股价波动。李丹和王丹（2016）从股价同步性的角度分析，发现客户信息对上市公司所在的信息环境同样具有重要影响，上市公司作为核心企业披露客户身份增加了投资者获取信息的渠道，降低了股价同步性水平。当公司重要的客户为上市公司时，公开信息渠道还能促进行业信息共享。因此，对于供应链中的核心企业而言，客户和供应商的信息不仅体现了公司层面的信息，还体现了行业层面的信息。

其次，供应链交易往来体现的企业与客户关系、企业与供应商关系等信息还是银行授信行为、投资者投资的依据。如果银行对企业的客户关系以及客户的财务经营状况了解程度加深，银行在给作为供应商的核心企业贷款时会降低对其会计稳健性以及限定性条款的要求（Fang 等，2014）。该研究发现，企业主要客户盈利水平与企业对应的银行借款契约优厚条件显著正相关。Kim 等（2015）进一步研究发现，这一正相关关系在供应商与银行前五年不存在借贷关系和供应链关系紧密依赖程度较高时更显著。Kale 和 Shahrur（2007）从客户的议价能力和风险效应讨论企业的负债水平选择问题。Campello 和 Gao（2017）着重对美国上市公司的客户关系进行研究，发现客户集中度显著提高了核心企业银行借款利率，大客户风险所带来的财务困境问题将导致被银行要求更多的抵押资产和限制性契约条款。但是，Cen 等（2015）发现，客户声誉发挥作用能降低银行贷款利率，并且放松了限制性契约条款。针对我国新兴市场国家的市场环境特征，我国学者王迪等（2016）也发现企业的供应链关系是银行在授信决策中考量的重要指标，证实供应链关系这种优势在议价能力较高的企业表现更为突出。李欢等（2018）也证实了客户的认证保障作用能带来银行贷款的规模和期限的显著增加，且优质客户比例越高借款优势越明显。不同于以往线性关系的讨论，江伟等（2017）对借款期限的内容格外关注，并发现客户集中度和上市公司的长期银行贷款呈现倒“U”形的非线性关系。陈俊等（2015）、Dhaliwal 等（2016）将研究拓展到了客户集中带来的风险和对企业股权融资成本的影响，投资者对大客户存在的财务困境风险经营风险，或者投资者对供应链关系稳定性的信心都会影响预期报酬，从而影响股权融资成本。

最后，供应链信息还影响分析师预测和审计师选择等第三方行为。因为供应链的信息不仅包含着微观的企业信息还包括中观的行业信息，所以审计师或分析师对企业供应链信息的关注不仅有助于他们能获取有关企业经营状况的信息，还能对行业的发展和预测做出更准确的判断。Chen 等（2014）从审计收费方面探究供应链信息的影响，发现供应链信息越充分，企业审计收费越低。这主要是因为当企业的审计师事务获得相对应的企业客户等私有信息，节约了信息收集成本，提高了审计效率，从而使审计收费更低。与该研究角度一致，Johnstone 等（2014）发现，供应链信息增加使核心企业的审计质量更高。供应链关系信息具有价值，这一隐蔽的资产可以为投资者理解企业价值提供增量信息，进而影响审计师决策（方红星和张勇，2016）和审计费用（唐思圆和李丹，2019）。Guan 等（2015）从分析师预测的相关问题进行了研究，发现追踪客户信息对分析师预测准确具有重要影响。相比于那些未追踪企业供应链信息的分析师，追踪了企业供应链信息的分析师预测准确度更高。王雄元和彭旋（2016）认为，供应链信息披露不仅体现某些私有信息还意味着公共信息含量及其质量的提高，进而改善分析师盈余预测行为。可见，供应链交易内容具有重要的信号作用。

2.4 文献评述

近年来，产业经营多元化和交易关系聚焦化的发展趋势使供应链关系在企业日常经营活动中更加具有普遍性和重要性，但供应链是一个相对广义且多维度的概念。供应链特征的研究角度多样，界定较为分散。本书通过对近年来国内外研究状况的梳理和回顾后发现，学者们对上市公司供应链特征及其经济后果进行了较为丰富的研究，主要探讨供应链关系型交易对公司决策和行为的影响。已有的研究为本书的内容提供了丰富的理论基础和研究方法，但是其存在一定不足之处，为本书的研究提供切入点：

以往学者对上市公司供应链特征体现信息优势和价值的研究，无论是从供应链企业信息的横向沟通进行研究（Krolikowski 和 Xuan，2017；江伟 等，2017；孟庆玺 等，2018），还是从供应链信息的纵向传递进行研究（李丹和王丹，2016），都只是基于供应链成员企业层面的信息沟通和纵向信息渠道的传递。基于企业层面的供应链特征体现的是供应链成员企业在商业往来中的信息资源流动。受限于信息的数量和质量，其具有较强的时效性。相比之下，基于高管层面的供应链特征体现的是高管以往工作经验的累积，高管接受和处理供应链信息的能力不能忽视。高管供应链从业经历不仅有助于对目前供应链合作的信息共享和人际沟通，还能帮助企业进行未来行业趋势发展预测判断。在现实的供应链交易活动中，高管起着信息接受者和信息交换的枢纽的作用，尤其在与客户和供应商打交道的过程中，环境的复杂多变和资源的动态整合使公司管理人员对供应链竞争具有特殊的理解与认知（Dass 等，2014；Fich 和 Nguyen，2018）。供应链交易内容的复杂性使高管供应链从业经历与其他工作经历相比具有易获得信任、认同感与声誉，便于发挥圈子效应、行业专家的作用，便于运用知识能力与发挥资源整合效应。因此，对于公司来说，具有供应链从业经历的高管意味着企业在供应链竞争中具有独特的信息优势。对于核心企业而言，供应链高管在价值创造中具有重要作用。

在国内外学者的研究中，基于高管的供应链特征的研究已经逐渐受到关注，但对公司影响的研究成果极少。国外学者发现高管的供应链从业背景有助于发挥专业特长、把握行业发展趋势、识别市场机会、进行资源整合（Dass 等，2014；Fich 和 Nguyen，2018）。但是，在国内的研究中，研究所需的企业高管行业从业经历和供应链上下游行业信息的双重缺失都使得高管层面的供应链特征的研究难以开展。同时，国内外对供应链高管不同经历的异质性影响及机制研究不充分。本书手工搜集和整理中国上市公司高管行业从业经历数据，然后与手工搜集供应链数据相匹配，找出上市公司具有供应链从业经历的高管，基于信息接受和处理的角度研究供应链高管自身信息优势。高管供应链从业经历是否为公司创造价值？上游和下游供应链从业经历高管如何体现不同方向的行业专家的信息整合能力？从机制上看，已有文献并未研究供应链高管对创造公司价值的具体机制进行深入挖掘。供应链高管是否有助于开源、节流、创新，是否有助于改善商业信用和流动性管理？本书对以上问题进行系统性探索。

已有研究从供应链关系型交易内容特征分别探讨了其对我国上市公司经营和决策的影响，并且也得到了一些研究结论，比如供应链成员企业之间的关系影响企业间风险共担（崔蓓和王玉霞，2017）、公司治理水平（Chang 等，2015）和公司业绩（李艳平，2017；李欢 等，2018）、企业的成本黏性和成本结构决策（江伟 等，2017、2018）、多样化产品开发和创新效率（Krolikowskia 和 Yuan，2017；孟庆玺 等，2018）、债务融资能力（Campello 和 Gao，2017；江伟 等，2017；李欢 等，2018）和股权融资成本（陈俊 等，2015；Dhaliwal 等，2016）等方面。其中，学者们认为，交易内容包含的信息作为信号传递给债权人、分析师、投资者等作为价值判断依据。

但是，供应链是一个网链结构，信息是整个供应链网络结构联系起来的黏合剂。从信息的角度来说，供应链网络运转的过程就是一个信息生产、采集、传递、储存、处理和加工以及利用的过程。对供应链信息资源的运用，不仅要满足供应链网络交互的需要，而且要基于市场需求的变化不断动态调整。核心企业对供应链信息披露具有针对性。优质的信息才能够保证第三方完整、正确、及时获取供应链信息，从而达成有效的信息传递。因此，在供应链信息传递过程中，优质供应链信息披露是有效传递给第三方信息的基础，在复杂的市场经济中发挥信息传递的桥梁作用。

与美国上市公司供应链信息“一对一”关系的强制披露标准相比，我国供应链信息披露具有明显不同，属于自愿披露内容。近年来，虽然我国的监管机构不断提升对信息披露质量的要求，但我国上市公司对供应链信息披露标准的模糊性使财务报告中供应链的一些重要信息披露存在主观性和大量缺失。供应链信息不仅是公司信息披露含量和质量的重要组成（李丹和王丹，2016），还是利益相关者评价企业和客户供应商交易活动质量的关键信息来源。结合我国新兴资本市场特征和供应链信息披露制度特征思考，上市公司的供应链信息披露对公司资源配置效率带来何种影响？如果存在一定影响，作用渠道是什么？以往研究并未对供应链信息披露及其对公司影响机制进行深入探究。本书就供应链信息披露对核心企业的影响及机制进行系统研究。

本书通过回顾文献发现，尽管学者们较早对供应链关系型交易内容特征开展研究并分析其经济后果，但是仍存在分歧和不足之处。

一方面，学者们对供应链关系型交易的研究维度的划分存在着不同的认知和理念。在上市公司的研究领域中，供应链关系型交易的重点一般在于客户或供应商的集中度（王迪 等，2016；江伟 等，2017；Krolikowskia 和 Yuan，2017；孟庆玺 等，2018）、重要性维度，却忽略了稳定性和质量维度的影响。供应链关系型交易稳定性、客户或供应商个体特征所代表的供应链交易内涵十分重要，极少学者关注主要客户或供应商的稳定性（王雄元和彭旋，2016）。同时，受限于目前的数据披露，研究者难以直接获得关键客户或供应商个体特征信息等，而该类信息是反映供应链关系型交易的关键数据，这是供应链关系型交易研究遇到的最大瓶颈，限制了研究进一步深入。本书利用手工整理的供应链数据，深入挖掘客户和供应商的具体特征，比如议价能力、破产风险、技术创新、区位优势等因素，从重要性维度、稳定性维度以及质量维度对供应链关系型交易如何影响公司融资效率以及具体机制进行深入探索。

另一方面，已有的关于供应商关系型交易对融资效率影响的研究仍然存在结论不一致的情况。例如，Campello 和 Gao（2017）对美国上市公司的研究发现，大客户风险带来的财务困境问题将导致被银行要求更多的抵押资产和限制性契约条款。一旦供应链断裂，企业就会面临潜在的套牢风险，进而危及企业现金流，产生信贷风险（Pandit 等，2011；Kolay 等，2015）。针对我国新兴市场国家的市场环境特征，王迪等（2016）和李欢等（2018）都证实了供应链关系型交易对企业银行借款能力的积极影响。但是，不同于线性关系的讨论，江伟等（2017）发现，客户集中度和上市公司的长期银行贷款呈现倒“U”形的非线性关系。为何已有文献对供应链交易的融资效率表现得到了截然不同的结论？仔细分析发现，供应链关系型交易具有复杂性，呈现出“竞争合作”的双重特征。对于上市公司而言，供应链交易是一把“双刃剑”，有利的一面包括企业和供应商、客户商业往来中信息的沟通交流、存货管理水平的有效提升、关系专有资产投入后的利益共享以及面临复杂市场变化不确定性的减少等；不利的一面主要表现在隐形契约更多是依靠供应链成员企业间的信任与承诺，缺乏法律保证，一旦交易某一方发生机会主义行为而使供应链关系终止时，公司便会遭受资源流失和专用资产价值贬值。这加大了分析的难度和科学性要求。本书基于供应链关系型交易内容特征研究上市公司融资规模、融资期限和融资成本，从而得到更全面的结论。

综上所述，目前，供应链特征对公司影响的研究逐渐引起学者们的重视，但是研究维度单一、研究结论不一致。本书立足信息机制，从供应链信息接收、信息披露和信息传递不同环节入手分析公司创造价值过程中供应链特征的作用，系统研究供应链特征对公司投融资效率与业绩的具体影响，为上市公司供应链特征的研究和治理提供了新的思路与方法。

3
理论基础

上一章主要围绕上市公司供应链特征及其对公司影响的相关文献进行梳理和评价。要从信息机制分析公司供应链特征的作用，笔者还需要基于理论做进一步分析，为本书提供理论依据。本章主要对上市公司供应链特征研究的相关理论基础进行梳理，阐述研究涉及的利益相关者理论、信息不对称理论、委托代理理论和供应链治理理论等相关理论基础，并说明以上理论在本书的研究中的具体应用。本章介绍的相关理论基础为后文实证研究提供了理论支持。

3.1 利益相关者理论

传统的公司治理是以实现股东利益为中心的，奉行“股东至上”主义。这一观点认为，股东是公司的所有者，拥有控制权，而公司的管理者应对股东负责，追求股东财富最大化，即公司价值最大化。但是，公司具有社会属性，这种观点忽视了公司运营中的消费者、员工等企业利益相关者的利益。虽然股东是企业的风险承担者，但是在现代公司经营环境中，这一假设受到了越来越多的质疑。主要原因有两个方面：一方面，当公司将追求股东财富最大化作为经营目标而忽视了对员工、消费者、债务人乃至社会的责任，存在着为了公司利益不择手段的可能性；另一方面，诚然股东承担经营风险，但是有限责任公司的设定使股东并不会承担全部风险，只是承担了其投入资本对应的风险，其他风险反而是利益相关者在承担。后工业化时期，现实中对公司单纯只追求“股东主权”和最大化利润目标的批判使企业社会责任和伦理问题更加受到重视。基于实践和理论的进一步发展，利益相关者被要求赋予更多应有的权力，利益相关者理论应运而生。

利益相关者理论（Stakeholder Theory）产生于20世纪60年代，该理论创始于美国并且在长期奉行外部控制类公司治理模式的美国、英国等国家中逐渐发展。斯坦福研究院（Stanford Research Institute）在1963年首次提出“利益相关者”的概念。Ansoff（1965）最早将该概念引入经济学和管理学领域，又于1979年在《战略管理》一书中强调，理想的企业战略目标制定必须综合平衡考虑企业的供应商、客户、管理人员、工人、股东等利益相关者之间的相互冲突，企业最终目标的实现应该是不同利益相协调的结果。随着传统公司治理模式的缺陷逐步暴露和企业社会责任不断被强调，利益相关者理论在公司治理理论的实践中的作用越来越受重视。Freeman（1984）在《战略管理：利益相关者管理的分析方法》一书中给予了利益相关者更广泛的定义。企业的利益相关者是指影响企业目标实现或被企业目标实现所影响的个人或者群体。股东、雇员、债权人、消费者、供应商、政府部门、相关社会团体、周边的社会成员都应该纳入利益相关者的范围之内。Freeman 不仅从不同的角度对利益相关者进行了分类，还探讨了有关战略管理，即公司如何制定正确发展方向的新思维。管理者不仅应关注公司利润最大化，还应该关注企业发展过程中如何与其他利益团体和谐共存的问题，即实现共赢。Cochran 和 Wartick（1988）将利益相关者和股东放在公司经营同等重要的位置上，他们认为公司治理需要解决股东、董事会、高管以及企业利益相关者相互作用产生的各种问题。Clarkson（1994）认为，利益相关者在企业投入了人力资本、财务资本和实物资本等有价值的东西，而且承担了一定的风险，利益相关者投入的专有性投资需要进行详细的考虑。Blair（1995）提出了系统的利益相关者价值观，即公司不仅对股东，更要对经理、雇员、债权人、客户、政府和社区等利益相关者做出反应和协调措施。他的研究贡献主要在于，强调公司运作中所有不同的权利和责任应该被分解到所有公司参与者身上，据此分析公司具有什么目标、由哪些人控制、具体的权利义务如何分配和谁承担企业风险等问题。Mitchell 和 Wood（1997）对利益相关者的定义和属性进行了梳理，对利益相关者设定评分标准。具体来说，他们根据某一个人或群体的分数确定其是否属于公司的利益相关者及具体属于哪种类型的利益相关者。20 世纪 90 年代后，西方学者更加关注利益相关者与公司治理的关系，公司治理的目的在于在保护利益相关者利益的基础上实现企业价值最大化。国内学者杨瑞龙和周业安（1998）利用相关研究探索国有企业治理结构的问题，发现国有企业存在行政干预、经营者议价能力、政企合谋和职工监督权难以行使等困境，提出利益相关者参与公司治理的重要性。

进一步理解利益相关者的分类及具体划分标准有利于对不同类型的利益相关者进行管理。这方面的已有研究较为丰富。Freeman（1984）从社会利益、所有权性质和经济依赖性三个层次对利益相关者进行了分类。媒体和政府机构等属于与公司有社会利益关系的利益相关者，股东是企业所有权的利益相关者，管理人员、工人、债权人、消费者、供应商等属于对公司具有经济依赖性关系利益相关者。Clarkson（1994）强调相关利益者承担的企业风险，并以此进行分类将相关群体分为首要的利益相关者和次要的利益相关者。

这一分类方法在市场竞争环境中具有实用性。Mitchell 和 Wood（1997）认为，企业的利益相关者具有合法性、权力性和紧迫性，企业根据具体情况对上述三个属性进行评判将利益相关者分为潜在型利益相关者、预期型利益相关者和确定型利益相关者。深入挖掘和整理利益相关者的定义和范围，利益相关者可以从广义和狭义的角度进行定义。狭义的利益相关者主要是指在企业活动中需要组织支持的群体或个人，具体来说包括股东、客户、员工、供应商、政府部门和相关金融机构。该定义是研究早期斯坦福大学研究院（Stanford Research Institute）基于企业的立场构建的框架，强调利益相关者对企业的依存性和互相影响，但是该研究范围忽略了员工、投资者等。广义的利益相关者扩展了研究视角，任何能够影响企业组织目标实现或受到目标实现影响的个人或群体都应该纳入利益相关者的研究范围。如此一来，有利于和不利于企业利润实现的利益相关者都被纳入了研究范围（Clarkson，1994；Mitchell 和 Wood，1997）。

对于核心企业而言，供应商和客户对公司治理的作用是显而易见的。从上述利益相关者理论发展脉络梳理和不同利益相关者的定义中可以发现，随着理论的进步和实践的发展，越来越多的利益相关者被纳入公司治理的范畴。公司治理是一个围绕实现最大化股东财富协调利益的动态过程。在公司发展不同的时间阶段，股东、供应商、客户、员工和政府的地位和重要程度也会随着时间的推移而转变，但是供应商和客户一直都是十分重要的利益相关者。供应链上下游企业紧密和稳定的合作关系对核心企业带来多方面的有利影响，具有治理效应。供应商、客户和核心企业的合作关系稳定性越高，企业之间的信任程度也就越高（Farndale 等，2010）。在此基础上，成员企业协同合作不仅能促进企业与上下游行业之间信息共享、降低市场需求变化所带来的不确定性（Kinney 和 Wempe，2002），还能抑制供应链成员之间的机会主义行为，降低合作风险（Ghosh 和 Fedorowicz，2008；崔蓓和王玉霞，2017）。然而，上下游企业关系紧密的同时是把“双刃剑”，绑定与供应商、客户关系的同时也能导致核心企业存在被“敲竹杠”的风险，带给公司一定程度的负面影响。供应链成员间相互独立，基于有限理性参与经济活动，这很容易导致机会主义行为。一方面，供应链合作中产生的负面作用主要是来自客户议价能力增强所带来的“敲竹杠”效应（Gosman 等，2004；唐跃军，2009；王雄元和高开娟，2017；李欢，2018）；另一方面，供应链关系紧密度高隐含着核心企业财务经营风险和财务困境成本的问题（Wang，2012；Itzkowitz，2013；Dhaliwal 等，2016；Oliveira 等，2017）。

通过文献梳理和总结，供应链中企业与供应商、客户关系的特点决定了上市公司的供应链特征对企业作用机制的复杂性，即具有多方博弈和共同因素作用的特征。其中，不仅包括供应链上下游企业之间合作协同产生的治理效应，还包括由于上下游企业依赖程度不对称、信息不对称等引发机会主义行为的风险效应。如何处理好企业和利益相关者之间的关系是理论和实践需要面临的一个重要课题。

因此，本书从供应商和客户利益相关者的角度出发，考虑其对上市公司投融资和经营管理等活动的影响及发展动态过程中的影响机制，注重研究如何协调与供应商、客户商业往来过程中建立的关系以实现最大化公司价值的最终目的，加深理解供应链特征在公司创造价值过程中的作用，从而进一步完善利益相关者理论在公司金融领域的理论和运用。

3.2 信息不对称理论

信息不对称理论（Asymmetric Information Theory）是指在现实资本市场中，参与者们对资本市场有关信息的了解是有差异的，获取信息的难度通常较大且不充分，尤其是信息在不同参与主体之间的分布不对称。信息不对称最早引起美国学者的关注，Akerlof（1970）在《柠檬市场：质量不确定性和市场机制》一文中首次将信息不对称概念运用到商品市场分析中。他通过对旧车市场的分析，揭示了信息不对称导致了逆向选择，进而形成“劣币驱逐良币”的现象。在此之后的信息不对称理论的研究有了进一步延伸和发展。作为信号传递模型的开创者，Spence（1972）研究了劳动力市场存在的信息不对称现象，即雇主和雇员存在着信息不对称的情况。在竞争均衡的情况下，能力高的人和能力低的人都得到了平均工资，于是能力高的人用教育投资程度作为信息传递的工具，雇主利用该信号区分不同能力的人。该模型也是信号传递模型，在信息经济学领域的研究中广泛应用。Rothschild 和 Stiglitz（1976）将该理论应用到保险市场，提出被保险人与保险公司间的信息不对称客观上造成一般车主在买过车险后疏于保养，使保险公司赔不胜赔。

信息不对称理论对信息不对称的表现有如下解释：一是市场参与者的信息渠道具有非对称性。通常来说，掌握信息比较充分的内部人员往往处于优势地位，而信息贫乏的人员则处于劣势地位。二是市场参与者获得信息的数量及质量具有差异性，掌握信息数量越多、质量越好的市场参与者往往处于优势地位。三是市场参与者获得信息的及时性和有效性是非对称的，获得信息越及时有效的参与者越处于优势地位。信息不对称是客观存在的，信息不对称理论中依据不对称发生时间衍生出两类经济后果，即逆向选择和道德风险两类问题①。事前发生的信息不对称为逆向选择。该理论认为，市场中卖方比买方更了解有关商品的各种信息，掌握更多信息的一方可能会故意隐藏信息而在市场中获益，这将导致信息劣势方的利益受损。逆向选择会影响市场配置，导致市场机制失灵。逆向选择问题的主要解决方法是信号传递和信息筛选。信号传递主要是指信息优势方主动发出信号并传递给信息劣势方，而信息筛选主要是指信息劣势方通过选择合同或行动诱使信息优势方主动披露私有信息，是买卖双方中拥有信息较少的一方会努力从另一方获取信息的过程。事后发生的信息不对称为道德风险，是指信息优势方和信息劣势方在签订合同后，信息优势方为了自身利益最大化隐藏了行为，损害了信息劣势方的利益并不承担该行为所带来的后果。这种行为同样会导致市场机制低效。该理论在公司金融领域的表现就是管理层的偷懒不作为行为（Scott，1997）。道德风险问题的解决方法主要有激励合同的制定（Kreps，1990）、强制披露信息制度的推行以及公司内外部治理机制的改善等（Healy 和 Palepu，2001）。

供应商和客户一直都是核心企业十分重要的利益相关者，供应链成员之间不仅仅是存在单纯的商业交易关系，供应链内不同层次的参与者通过能力和资源的互补协调，还会促进信息、资金、技术、人才的交流合作，发挥供应链协同效应，抵御行业负面冲击带来的影响，创造利润和价值。但在这个过程当中，参与主体的信息不对称容易带来“敲竹杠”风险和被套牢的担忧，供应链特征的风险效应会影响上下游企业之间的长期合作交流和供应链稳定性，从而影响公司长远价值的创造。同时，供应链信息本身是一项无形资产且具有信息价值，供应链信息内容可以直接反映企业经营前景和发展状况。在资本市场上进行信息传递，有利于减少信息的不对称，降低交易成本，增加信息的透明度。这种信息成为分析师、债权人、投资者决策者的依据。首先，供应链信息披露有利于行业信息的共享，改善资本市场的信息环境

① 张维迎. 博弈论与信息经济学［M］. 上海：上海三联书店，2001：399.

（Olsen 和 Dietrich，1985；李丹和王丹，2016）。其次，供应链交易往来所体现的企业与客户关系、企业与供应商关系等信息还是银行授信行为、投资者投资的依据（Kim 等，2015；Dhaliwal 等，2016；王迪 等，2016；Campello 和 Gao，2017；李欢 等，2018）。最后，供应链信息还影响分析师预测和审计师选择等第三方行为（Johnstone 等，2014；Guan 等，2015；方红星和张勇，2016；王雄元和彭旋，2016；唐思圆和李丹，2019）。因为供应链的信息不仅包含着微观的企业信息还包括了中观的行业信息，所以外部利益相关者对企业供应链信息的关注不仅有助于他们能获取有关企业经营状况的信息，还能对行业的发展和预测做出更准确的判断。

在供应链交易活动中不仅存在着上市公司与上下游企业之间的信息不对称，即供应链内部的信息不对称，还存在着外部投资者、债权人等资本市场参与主体与上市公司的信息不对称。这些不仅会降低公司运营的经济效率，还会破坏资本市场的运行秩序，发生逆向选择和道德风险等问题。例如，核心企业为了建立与客户和供应商紧密的关系，锁定大客户和供应商，向市场传递积极的信号，而随着客户和供应商议价能力的提升反而增加“敲竹杠”问题，使核心企业易发生流动性风险。一方面，本书从信息处理的角度分析供应链高管所具有的专家能力和圈子效应对减少上市公司与上游供应商或下游客户的信息不对称，从而影响公司业绩的效果；另一方面，本书从信息披露和信息传递的角度分析上市公司披露供应链信息详尽程度和供应链关系型交易具体内容如何减少上市公司与投资者、债权人的信息不对称。信息披露有利于减少公司内外部信息不对称，降低融资约束和代理成本，抑制企业非效率投资。同时，具体的供应链交易状况信息传递有利于公司获得外界更多的资金支持，提高融资效率。

因此，信息不对称理论能够为本书后续章节研究供应链信息在流通、转化和传递过程中如何影响供应链成员企业之间信息不对称和公司内外部信息不对称提供相应的理论依据，加深对供应链特征在信息不对称研究领域的理解。

3.3 委托代理理论

委托代理理论（Principal-agent Theory）属于现代公司治理的基础理论。委托代理理论是由经济学家迈克尔·詹森（Michael Jensen）和威廉·麦克林

(William H Mecking) 在1976年发表的论文《企业理论：管理行为、代理成本与所有权结构》中提出的。委托代理理论认为，公司所有者和经营者的利益不一致使得公司经营者会为追求个人利益而进行无效率投资、消极怠工、在职消费等行为，降低公司所有者声誉和公司资源的有效配置（Jensen 和 Meckling, 1976）。根据现代公司金融理论，公司行为是公司成员及公司之间博弈的结果[①]。在现代股份制公司中，产权制度的安排更多表现为经营权和所有权的分离。在此情况下，公司的所有者和管理层通过签订契约，授予高管代表公司进行经营活动的权利，由此公司所有者和管理者形成了委托代理关系。Jensen 和 Meckling（1976）的研究综合了20世纪70年代现代企业理论的产权理论、代理理论和财务理论几方面的要素，在此基础上提出了一种公司所有权结构的理论。

委托代理关系是随着生产力发展和规模化生产的出现而产生的。一方面，生产力不断发展使得分工更进一步细化，权利所有者由于知识、能力和精力的原因不能行使其权利；另一方面，随着分工专业化的不断演进，一大批具有专业知识的代理人有精力并且有能力代理行使好被委托的权利。但在委托代理关系当中，委托人与代理人的效用是不一样的。具体来说，委托人追求自身财富最大化，而代理人追求自身效用最大化，这必然导致两者的利益冲突。在没有有效的制度安排下，代理人的行为很可能最终损害委托人的利益。代理成本是指委托人基于委托代理关系所产生的各种成本的总称。代理人在实际操纵控制企业经营活动中因为需求不一致、信息不对称和市场不确定而损害了股东的权利，产生代理成本：一是委托者的监控成本；二是代理人的管束成本（金钱的和非金钱的）；三是委托人的剩余损失，即代理人是追求物质、金钱、地位效用达到最大化，代理人与委托人之间往往构成矛盾，代理人与委托人的决策会发生分歧，没有使委托人的利益最大化，从而导致委托人的利益损失。

由于所有者和经营者存在目标追求不一致和信息不对称，两者之间具有利益冲突，公司代理成本增加。股东与管理者之间的代理成本的产生源于股东追求企业财富最大化和管理者追求个人效用最大化的目标冲突。该利益冲突易导致管理者作为代理人利用信息优势构造复杂的交易活动追求自身效用

① 李维安，郝臣. 公司治理手册［M］. 北京：清华大学出版社，2015：19.

最大化，比如优厚的报酬、良好的声誉、较高社会地位等（Jenson，1986；Jensen 和 Murphy，1990）。委托代理理论旨在解决利益冲突和信息不对称情况下，委托人对代理人的激励问题。在此情况下，如何约束代理人的不当行为，最大限度地减少代理成本，是委托人保证自身利益、规范公司行为的核心问题。股东采取相应措施，对经理人员实行股权激励，监督约束其行为，可以减少经理人员的逆向选择和道德风险问题给公司股东带来的利益损失。Shleifer 和 Vishny（1997）认为，公司的大股东与中小股东之间的利益冲突也会产生代理成本。从公司运作过程来看，大股东更加具备条件和机会“掏空”公司价值。相比之下中小股东话语权微弱，中小股东的利益易被大股东侵占。La Porta 等（1999）认为，代理成本存在于大股东和中小股东之间，大股东可能会利用控股优势，通过占用资金、关联交易等手段获取私利，而公司中小股东无法对控股股东的行为进行监督和观察，其利益受到侵害。

供应链交易模式是企业在激烈的市场竞争中合作供应的一种新型模式，相比于市场化交易模式具有典型的委托代理问题。尤其是在市场发育不健全和法律体系建设不完善的新兴市场国家，这种模式不仅缺少严格的制度和组织约束，还难以有充分的市场规则作为保证，成员之间的理性决策和分散关系相对更容易产生委托代理问题，发生机会主义行为。供应链关系型交易是一把“双刃剑”，有利的一面包括企业和供应商、客户商业往来中信息的沟通交流、存货管理水平的有效提升、关系专有资产投入后的利益共享以及面临复杂市场变化不确定性的减少等；不利的一面主要表现在隐形契约更多是依靠供应链成员企业间的信任与承诺，缺乏法律保证，一旦交易某一方发生机会主义行为而使供应链关系终止时，公司便会遭受资源流失和专用资产价值贬值。在供应链信息披露过程中，信息披露行为本身作为公司治理机制，有利于外部利益相关者监督管理层行为和抑制公司内部人的机会主义行为，减少高管追求自身利益最大化的委托代理成本。此外，公司所有者与高管之间的权利分离衍生了信息不对称等负面影响。在供应链信息处理中，供应链经历有利于管理者从公司与上下游企业长远发展的角度进行经营决策，使管理者减少自利行为。高质量的供应链信息披露和供应链高管有利于降低代理成本，并进一步影响企业的投资和生产决策，促进所有者和管理者之间的利益平衡。

因此，委托代理理论能够对本书所研究的供应链企业层面特征对公司投融资影响路径及供应链高管决策表现起到较好的理论支撑作用。

3.4 供应链治理理论

21 世纪的竞争已经从企业与企业之间的竞争扩展为供应链与供应链之间的竞争。企业面临更加激烈的竞争环境，学术界、实务界对供应链高度重视，对传统供应链管理和以股东为中心的公司治理内容重新审视。鉴于核心企业与供应链、客户的紧密联系关系着企业的治理结构和治理内容，李维安等（2016）结合公司治理理论、社会关系理论和供应链关系理论建立了供应链治理的逻辑分析框架，尝试性地将治理理论应用于供应链研究。他们在理论阐述中强调，供应链治理是一种新型治理对象，是组织变迁和环境演化的结构性反映。

供应链具有结构松散性和决策者有限理性的特征。供应链成员利益目标的不一致性会导致经营风险和机会主义行为的产生，单纯的供应链管理不能解决这些难题。因此，企业应从公司治理的角度出发，针对不同类型企业的特殊性考虑企业内部的委托代理关系和企业外部的机会主义风险，协调供应链参与成员的利益关系。管理学家 Richey 等（2010）认为，供应链治理是对供应关系产业链外部和内部各种影响因素的管理，具有供应链管理战略理论属性。Gereffi 等（2005）、Aitken 等（2013）的研究将供应链治理等同于治理结构，并对治理结构的层次进行了细致划分。还有学者将供应链治理划分为一种治理机制（Farndale，2010），供应链成员企业之间相互作用不断进行利益的维护和协调，并且应对风险。这种机制不仅包括市场层面等正式机制，还包括信息共享、信任、规范等非正式机制。Ghosh 和 Fedorowicz（2008）着重研究了信任机制在供应链治理机制中的作用。随着研究不断深入和发展，也有学者对以往基于交易成本理论、信任理论的研究定位提出疑问，认为这种界定比较片面和单一。李维安等（2016）针对我国供应链发展的特殊背景认为，供应链治理是以协调供应链成员目标冲突，维护供应链持续、稳定运行为目标，在治理环境的影响下，通过经济契约的联结与社会关系的嵌入所构成的供应链利益相关者之间的制度安排，并借由一系列治理机制的设计实现供应链成员之间关系安排的持续互动过程。该理论论述中更加强调供应链治理应包含信任机制、声誉机制、关系机制和信息共享机制四类机制。具体来说，信任机制是指供应链成员企业相信对方能完成义务和承诺的主观预期以及以此为基础发展的相互认同。信任可以细分为组织信任和人际信任两个方面。特别是在以人情关系为基础的国家或地区，人际信任往往有着附加的功能性色彩，可以有效促进供应链成员间沟通合作、提升交易效率。声誉机制是指公司在日常生产经营活动中靠品牌和承诺获得的社会信誉和名声，提供给供应链成员企业之间合作的期望。关系机制是指成员企业基于长期合作和交易关系产生对未来价值的预期，有利于抑制企业的机会主义行为，发挥供应链协同效应。信息共享机制是指企业作为供应链节点依托信息纽带交流合作、利益共享和风险共担，增加供应链的凝聚力。此外，该理论还强调应根据我国外部宏观环境和内部治理结构等具体情况进行综合讨论，构建供应链治理的逻辑框架需要考虑交易属性、结构属性、主体属性等供应链内部属性和环境属性等供应链外部属性。

供应链管理属于管理学范畴，而供应链治理属于经济学、管理学和社会学交叉内容，两者具有很大的区别。首先，供应链治理和供应链管理的研究目的不同。供应链治理更加关注和协调供应链成员之间的合作伙伴关系，抑制机会主义的发生；而供应链管理从企业提高经营收益出发，节约经营成本以实现企业的经营目标。其次，从研究逻辑起点来看，供应链治理考虑了治理环境的变化，从治理环境出发；而供应链管理只是从供应链中成员企业的业务流程出发。再次，从研究主体来看，供应链治理比供应链管理的研究范围更加宽泛，包含了政府、行业协会、竞争者等其他利益相关者和相关团体等。最后，研究边界不同，供应链成员及其他利益相关者组成的扩展供应链系统是供应链治理的研究边界，供应链管理的研究边界是供应链成员组成的系统。此外，供应链治理和供应链管理两者在基本问题、供应链职能、供应链本质、改革主张以及供应链发展中的地位等方面仍具有差异性。供应链治理和供应链管理的主要区别如图 3-1 所示。

表 3-1　供应链治理和供应链管理的主要区别①

视角	供应链治理	供应链管理
研究目标	抑制机会主义，协调关系	实现链内经营目标

① 李维安，李勇建，石丹. 供应链治理理论研究：概念、内涵与规范性分析框架［J］. 南开管理评论，2016（1）：8.

表3-1(续)

视角	供应链治理	供应链管理
研究逻辑	治理环境	业务流程
研究立场	组织效能（供应链系统内各种冲突的目标和利益相关者目标的满足）	经济立场（财务/运营绩效）
研究主体	所有供应链内外的利益相关者	核心企业和其他供应链成员
基本问题	治理行为的选择	计划、采购、制造、配送、退货
供应链职能	协调和分配	计划、组织、领导、控制
供应链本质	关系联合体	交易联合体
改革主张	通过治理行为协调目标冲突	快速、及时、节约、规模优化
研究边界	供应链成员及其他利益相关者组成的扩展供应链系统，内部外部边界双重作用	供应链成员组成的系统
供应链发展中的地位	确定基本框架、保证管理处于正确的轨道	规定具体的发展路径和手段

我国的政治制度、宏观市场调控能力、中华文化等情境使供应链治理研究难以在传统西方学者的理论框架下开展。因此，供应链治理研究要立足于我国的特定经济背景、政治制度和商业交易模式主要特点，从核心企业出发动态分析供应链关系的发展和治理问题。上市公司往往是供应链核心企业，牵引着供应链资源分配和影响供应链运转效率。总体来说，本书对上市公司的供应链特征开展研究。同时，供应商和客户共同参与公司治理的观点要求企业应更注重在竞争性市场中可持续发展，将企业供应商、客户、高管等层面的利益相关者纳入公司治理体系，完善公司治理结构，提升利益相关者参与公司治理的效果。企业如何发挥供应链治理作用，保证供应链竞争环境下各方利益协调是未来进一步研究的内容。

3.5 本章小结

基于利益相关者理论的角度，越来越多的学者围绕实现最大化股东利益，如何处理好企业和利益相关者之间的关系进行研究，将供应商和客户等利益相关者被纳入公司治理的范畴。然而，供应链信息不对称可能会呈现多样特征，现有研究未能对此问题进行深入和系统的研究。高管所具有的供应链从业经历体现着企业供应链网络运作方式和信息优势。作为供应链信息接收者、处理者和把握者，供应链高管从某种程度决定公司供应链竞争发展格局，降低委托代理成本。供应链信息披露可以直接反映企业经营前景和发展状况。在资本市场上的供应链信息传递，有利于减少信息的不对称，增加信息的透明度。这种信息成为分析师、债权人、投资者决策的依据。供应商和客户影响企业经营目标实现，同时也是被企业目标实现所影响的群体，属于供应链治理内容的组成部分。供应链治理应注重企业在竞争性市场中长期可持续发展，针对不同供应链特征的特殊性考虑企业内部委托代理关系和外部机会主义风险，协调供应链参与成员的利益关系，设计合理的激励机制，提升供应商和客户参与公司治理的效果。

本章阐明研究内容涉及的利益相关者理论、信息不对称理论、委托代理理论和供应链治理理论等相关理论基础，为后文实证研究提供理论支持。

4
供应链高管对公司业绩的影响

第3章对公司金融领域利益相关者理论、信息不对称理论、委托代理理论等相关理论进行了详细阐述。上市公司供应链特征在不同供应链信息层面表现不同，对公司影响侧重点可能不尽相同。那么，高管层面的供应链特征如何在公司创造价值过程中发挥作用呢？高管在供应链交易活动往来中扮演十分重要的角色，是核心企业与供应链企业的连接点，也是供应链信息接收主体和信息交换的枢纽。同时，公司业绩是公司金融领域关注的核心问题。在供应链信息流动过程中，供应链成员企业之间信息共享、协同运作才能使企业管理好资金流、物流，占有有利的竞争地位，避免信息不对称带来的“长鞭效应”。在市场环境复杂多变的情况下，核心企业获得及时、有效、正确的信息才能使企业在商品服务价值创造环节中正常运作，提升盈利水平。

本章从信息处理的角度出发，探究上市公司供应链信息处理主体特征，即供应链高管如何处理供应链信息、完善经营管理决策，并最终影响公司业绩。管理层的特征不仅能直观体现其供应链行业专家的宝贵资源，预测行业发展趋势并减弱外部冲击的负面影响，还体现了圈子效应，帮助公司接触其上下游行业中有价值的联系人，接受、处理和改进供应链信息流，增强信息共享能力和降低沟通成本。在手工搜集和匹配中国上市公司高管供应链从业经历数据的基础上，本章对高管供应链从业经历如何影响公司业绩进行了探索。首先，本章根据高管供应链数据探究不同方向的高管是否都能影响公司业绩，以明晰不同方向行业专家的信息整合能力。其次，本章利用高管换届事件作为拟自然实验，采用双重差分模型（DID）研究其信息优势。进一步地，考虑到公司业绩提升的影响因素与上下游行业从业经历的差异特征，本章还从开源、节流、改善商业信用和流动性管理以及提升企业创新效率多方面检验供应链高管提升公司业绩的作用机制。此外，本章还尽力克服内生性问题的影响并进行稳健性检验。

4.1 理论分析与研究假设

随着竞争激烈程度和复杂程度的提高，企业之间的关系逐渐由竞争性交易关系转变为合作伙伴关系（Hui 等，2019）。供应链协调发展不仅表现在企业与客户、供应商之间的业务紧密合作，还表现在上下游产业之间的信息资源整合。高管在供应链交易活动往来中扮演信息接受者和信息交换的枢纽的角色。在与客户和供应商打交道的过程中，环境的复杂多变和资源的动态整合使公司管理人员对供应链竞争具有特殊的理解与认知（Dass 等，2014；Fich 和 Nguyen，2018）。因此，对于公司来说，具有供应链从业经历的高管意味着其在供应链竞争中具有独特的信息优势。

4.1.1 供应链竞争对公司影响的理论分析

基于供应链治理理论，供应链协同发展需要供应链成员协调目标冲突，以维护供应链持续、稳定运行为目标，在经济契约的约束下，通过社会关系权衡供应链相关者的利益（李维安 等，2016）。供应链成员之间强调的是合作共赢关系，特别注重协调发展和供应链企业之间的合作博弈。企业供应链网络的交织联系和日益激烈的供应链竞争对企业管理者提出了新的挑战，供应链主要通过以下几个方面正面影响企业的经营与发展：首先，信息获取和分享效应。供应链交易中的竞争合作及博弈关系促进供应链成员企业之间的信息交换和信息共享，有效减少信息的不对称引发的长鞭效应（Patatoukas 等，2012；Dass 等，2014；Li，2018）。供应链关系的维护和稳定有利于增强企业间的认同感和信任度（王迪 等，2016；Hui 等，2019），核心企业往往能够掌握上下游企业真实的信息。高效率、高质量的信息决定了企业的生产效率，信息优势提高了核心企业的竞争力。其次，资源整合效应。核心企业通过供应链关系获取资源，尤其是通过外界进行合作和交流获得企业自身发展需要的人才、资金、技术等竞争优势资源。供应链企业的资源互补增强了核心企业资源优势，从而获得进一步快速发展，比如优化供应链关系网络、显著提升跨行业并购频率（Ahern 和 Harford，2014）、提升议价能力（王雄元和高开娟，2017）和降低成本黏性（江伟 等，2017）。最后，信号传递效应。供应链信息特征作为一种风险评估指标，直接反映企业经营前景和发展状况。这种信息在资本市场上进行传递，供应链信息有利于减少信息的不对称，降低交易成本，增加信息的透明度，影响公司的信息环境（李丹和王丹，2016），为分析师预测和债权人、投资者决策提供依据。例如，稳定的供应链关系显著提高了核心企业融资水平（王迪 等，2016；李欢，2018）和分析师盈余预测的准确性（王雄元和彭璇，2016）。

然而，供应链关系是一把双刃剑。供应链成员间相互独立，基于有限理性参与经济活动，这很容易导致机会主义行为。一方面，供应链合作中所产生的负面作用主要是来自客户议价能力增强所带来的“敲竹杠”效应

（Gosman 等，2004；唐跃军，2009；王雄元和高开娟，2017；李欢，2018）。另一方面，供应链关系紧密度高隐含着核心企业将面临财务经营风险和财务困境成本的问题（Itzkowitz，2013；Dhaliwal 等，2016；Oliveira 等，2017）。例如，唐跃军（2009）发现，核心企业对单一供应商的依赖程度和转移成本越高，核心企业利益越受损。王雄元和高开娟（2017）证实，专用性投资高的供应商存在“敲竹杠”问题。

经济全球化快速推进，公司面临着更为复杂的竞争环境和更为强劲的竞争对手，供应链竞争对公司影响的相关问题已经引起学者们的高度关注。管理者基于公司目标出发制定战略、目标和各项决策，促进公司长远发展。供应链网络的交织联系和日益激烈的供应链竞争对管理者提出了新的挑战。

4.1.2 供应链高管与公司业绩

上市公司作为供应链的核心企业，是上下游企业信息、资源交流的节点，高管在供应链交易中扮演十分重要的角色，是核心企业与供应链企业的连接点，也是信息交换的枢纽。在市场环境复杂多变的情况下，高管供应链从业经历不仅有助于供应链合作信息的共享和人际沟通，还能帮助企业进行未来行业趋势发展预测判断，为核心企业获得及时、有效、正确的信息发挥重要作用。近年来，国内学术界对高管工作经历的研究主要从从政经历、学术经历、海外经历、从军经历、金融背景（戴亦一 等，2014；周楷唐 等，2017；张晓亮 等，2019；柳光强和孔高文，2018；赖黎 等，2016；权小峰 等，2018；杜勇 等，2019）等方面进行分析，然而对高管的供应链从业经历的研究几乎未见。与此同时，学术界对高管的供应链特征研究很少，主要侧重于供应链企业的客户集中度和客户议价能力（Campello 和 Gao，2017；王迪 等，2016；李欢，2018）等视角，鲜有文献研究高管的供应链经历的经济效应。事实上，高管的不同特质和经历能够影响企业的经营管理与战略决策（赖黎 等，2016；权小峰 等，2018；杜勇 等，2019），高管所具有的供应链从业经历体现着企业供应链网络运作方式和信息传递渠道。供应链交易复杂性使高管供应链从业经历与其他工作经历相比具有显著的差别，并且主要通过以下三个方面影响公司业绩：

第一，信任认同感与声誉效应有助于信息交流和信息分享。供应链关系是一种商业行为，多方利益博弈之后形成的信任感更强。供应链企业之间合作、谈判、磨合所形成的认同度和信任感有助于联合研发生产，促进信息等资源在供应链企业之间流动。那些具有供应链从业经历的高管能够洞悉整个产业链的优势、劣势以及各方的利益诉求。管理者通过上下游供应链，能够消除企业之间的信任障碍，特别是在合作发生冲突时，高管通过私人关系在股东、投资者等利益相关者之间进行的沟通更有效率（Zhu 和 Chen，2016）。供应链成员企业在合作共赢的目标下，高管之间建立长期的信任和认同，逐渐形成了供应链的声誉机制，有效降低交易成本和搜寻成本。尤其是在重人情关系的国家和地区，这种声誉机制有着额外的经济效应（李维安 等，2016），如提升经营效率（Dass 等，2014）、降低成本（王雄元和高开娟，2017）和促进企业创新（Krolikowski 和 Yuan，2017）。

第二，圈子效应有利于获得信息资源，降低沟通成本，凸显信息优势。供应链关系网络使成员企业之间更容易形成小圈子效应。中国的人际关系并非简单的关系，而是具有差序格局的圈子文化（费孝通，1948）。中国式的圈子有亲疏、远近、上下之别，圈子也有内外之分，只有小圈子成员才能共享资源、技术和信息（Cohen 等，2010；申宇 等，2017）。供应链企业之间长期合作、重复博弈，有效抑制企业短视行为和机会主义行为，共同利益的捆绑更容易团结供应链企业，形成利益小圈子。Hu 和 Liu（2015）认为，多样化的工作经历有利于企业积累社会资源，降低信息搜寻成本。因此，稳定的供应链关系有助于提高企业业绩（陈正林和王彧，2014；Irvine 等，2016）。具有供应链从业背景的高管所形成的小圈子方便获取信息、控制成本与拓展渠道，直接正面影响公司业绩。此外，在熙来攘往的资本市场中，高管可以通过老乡、校友、战友、同事等不同的社会关系形成更加紧密的供应链关系网络，他们在共同利益和共同目标下“结盟”，提高谈判能力和信息整合能力。

第三，专家能力与资源整合效应有利于减少信息的不对称和降低代理成本。一方面，有供应链经验的高管相对更充分了解上下游企业的供需信息，更加准确地分析上游供应商的技术优劣和产品质量，以此保证企业的生产效率。管理者的专业知识保证了企业战略方向的正确性和可靠性（Coles 等，2008）。Faleye 等（2018）研究发现，行业经验丰富的管理者减少了内部信息不对称，因为他们对行业风险和收益状况有更深入的理解。供应链高管对供应链交易认知更为深刻，错误决策的减少有助于企业降低管理成本和减少代理问题。另一方面，有供应链经验的高管能够清晰了解上游供应商的成本和利润空间，有助于企业优化原材料产品；有供应链经验的高管也会帮助企业分析下游经销商的运营风险，提高下游供货的效率，降低商业信用风险。与此同时，供应链工作经验还可以通过下游客户的市场需求、竞争格局指导企业的产品导向和营销策略，提高市场竞争优势（Dass 等，2014；Fich 和 Nguyen，2018）。

综上所述，本章认为，具有供应链工作经历的高管有利于公司增进信息沟通分享、降低信息搜寻成本、获得信息优势，作为行业专家发挥资源整合效应和圈子效应，把握行业发展趋势和识别市场机会。由此，本章提出以下假设：

假设：在其他条件都相同的情况下，高管具有供应链从业经历的公司业绩水平更高。

4.2 研究设计

4.2.1 供应链高管数据库的建立及说明

本章研究手工搜集和加工的高管供应链数据①，原始样本数据主要取自中国经济金融研究数据库（CSMAR 数据库）。本章涉及的高管供应链从业经历有别于其他高管背景特征，比如银行从业经历、从政经历、从军经历、学术经历等，数据搜集难度更大，加工过程更复杂。一方面，关于高管的从业背景，CSMAR 数据库中给出了银行从业经历、从政经历、海外经历和学术经历等信息，并未给出供应链行业背景，因此对高管工作过的单位信息及其行业信息只能从高管简历当中手工整理和加工。另一方面，CSMAR 供应链数据库中只给了上市公司“前五大客户和供应商”交易对象、交易额、百分比、排名等明细数据，而本章研究中所需的客户和供应商所在行业信息并未给出。企业高管行业从业经历和上下游行业信息的搜集难度大，对本书的研究数据搜集造成了一定难度。

在具体的数据搜集过程中，本章根据以下三个步骤搜集、整理和识别上

① 目前，国内学术界对这一领域逐步关注但研究仍有缺失。研究的缺位可能与我国供应链信息披露质量有关。第一，供应链信息披露不足，难以获取上下游企业明细数据。第二，供应链信息模糊不清。例如，对同一家供应商，A 公司报告企业全称，B 公司报告企业简称，识别相同的供应链企业存在严重困难。第三，由于企业多元化经营，难以通过公司名称、产品来识别供应链企业所属的行业。

市公司高管的供应链背景。第一，根据 CSMAR 数据库中上市公司“前五大客户和供应商”明细数据，利用百度、谷歌、新浪财经、中国机构信息库、天眼查等互联网手段，手工搜集上市公司上下游企业的所属行业。为了保证供应链数据质量，本书也从上海证券交易所、深圳证券交易所（以下简称“沪深两市”）下载所有上市公司 2008—2016 年年报，随机选取 10%的年报与数据库比对，对数据存在差异的地方，以年报披露为准。第二，合并 CSMAR 数据库、锐恩数据库（RESSET 数据库）中上市公司董事长和总经理简历信息，对两个数据库有争议的信息，一方面选择以信息量大的数据为主，另一方面通过上市公司年报进行核实。本书整理了高管工作过的单位信息，将单位信息一一列出，通过百度、新浪财经手工搜索高管曾经工作单位的所属主要行业。第三，根据中国证监会 2012 年出台的《上市公司行业分类指引》，其中制造业按照两位行业、代码划分，其他行业按照一位行业代码划分。本书将高管工作经历的行业信息和上市公司上下游企业的行业信息进行匹配，如果两者行业相同，则为 1，否则为 0。

本章构建独特的高管供应链背景数据库，为供应链领域的研究提供基础数据支持，有助于学者在供应链领域的多维度、多视角的广泛研究。本章手工搜集了 15 万条机构信息数据和 4.65 万条高管工作经历数据，构建我国上市公司供应链特征研究数据库，为管理学、经济学和社会学等交叉学科的延伸性研究提供了更多可能。

4.2.2 样本选取与数据来源

本章选取 2008—2016 年在沪深两市上市公司作为研究对象，并按以下标准剔除数据：金融保险类公司、在研究期间被特殊处理（ST 或 * ST）的公司、上市不到一年的公司、财务数据缺失的公司。前已述及，本章最终得到 2 457个公司的共 17 184 个观测值。为了降低异常值的影响，本章将连续变量进行了 1% 的 Winsorize 处理。上市公司的财务数据、公司治理数据来自 CSMAR 数据库和 Wind 数据库。高管供应链从业经历数据构建过程前已述及，此不赘述。

4.2.3 变量选择与定义

（1）公司业绩。参考陈正林和王彧（2014）、李欢等（2018）的研究成果，本章以资产收益率（ROA）衡量公司财务业绩，同时以息税前利润占总资产比例指标（EBIT）做稳健性检验。

（2）供应链高管。参考 Dass 等（2014）的研究成果，本章构建上游和下游供应链经历变量 ERI（expert from related industry）。如果董事长或总经理具有上游供应链行业经历，则 ERI_up 取值为 1，否则为 0；如果董事长或总经理具有下游供应链行业经历，则 ERI_down 取值为 1，否则为 0①。

（3）其他控制变量。本章控制了公司规模（Size）、固定资产比率（Tang）、资产负债率（Lev）、销售增长率（Growth）、经营风险（Vol）、研发费用（R&D）。同时，本章控制了董事长总经理两职兼任（Dual）、董事会规模（Boardsize）、独立董事占董事会规模的比例（Independence）、第一大股东持股比例（Top1）和公司的产权性质（Soe）。

变量说明如表 4-1 所示。

表 4-1　变量说明

变量符号	变量名称	变量定义
ROA	资产收益率	净利润/年末总资产
EBIT	息税前利润率	息税前利润/年末总资产
ERI_up	供应链上游工作经历	若当年公司高管具有供应链上游行业工作经历则 ERI_up=1，否则为 0
ERI_dowm	供应链下游工作经历	若当年公司高管具有供应链下游行业工作经历则 ERI_down=1，否则为 0
Size	公司规模	Ln 年末总资产
Tang	固定资产	固定资产/企业年末总资产
Lev	财务杠杆（资产负债率）	企业资产负债率
Vol	经营风险	股票月度收益年方差

① 一般来说，高管团队是指董事会及监事会成员之外的直接参与企业经营决策的高级管理人员，包括企业的首席执行官、总经理、执行总经理、副总经理、执行副总经理、总会计师、财务负责人（周楷堂 等，2017）。本书利用董事长和总经理的数据构建供应链高管指标，是因为董事长和总经理是公司的最高负责人，董事长代表全体股东的利益，总经理具有重大的决策权。根据对高管背景和社会资本的研究，董事长或首席执行官是否拥有某种背景或社会资本通常被用作判断公司高层管理人员或董事会成员是否拥有这种背景或社会资本的基础（Fan 等，2007；Chen 等，2014；Liu 等 2016）。未来，笔者将继续完善所有高管成员的供应链背景数据。

表4-1(续)

变量符号	变量名称	变量定义
R&D	研发费用	研发投入水平/企业年末总资产
Grow	销售增长率	主营业务增长率
Top1	股权集中度（第一大股东持股比例）	第一大股东持股比例
Boardsize	董事会规模	董事会人数
Inddirect	独立董事占比	董事会中独立董事的比例
Duali	董事长总经理两职兼任	董事长兼任总经理=1，不兼任=0
Soe	产权性质	企业产权性质为国有=1，否则=0

4.2.4　模型设定

本章参考陈正林和王彧（2014）、李欢等（2018）的做法，采用模型（4.1）来检验高管供应链从业经历对公司业绩的影响；同时，考虑到企业所处行业差异和经济发展的时变性，构建了如下模型：

$$Y_{i,t} = \alpha + \beta_1 ERI_{i,t} + \beta_2 Size_{i,t} + \beta_3 Tang_{i.t} + \beta_4 Lev_{i,t} + \beta_5 Vol_{i,t} + \beta_6 R\&D + \beta_7 Grow_{i,t} + \beta_8 Top1 + \beta_9 Dual_{i.t} + \beta_{10} Boardsize_{i.t} + \beta_{11} Inddiector_{i.t} + \beta_{12} SOE_{i.t} + \beta_{13} \sum Industry + \beta_{14} \sum Year + \varepsilon_{i.t} \tag{4.1}$$

其中，i 表示企业，t 表示年份，Y 表示表 4-1 中的公司业绩指标总资产收益率（ROA）和息税前利润率（EBIT），ERI 表示高管供应链从业经历，并对董事长或总经理是否具有上游供应链从业经历（ERI_up）和是否具有下游供应链从业经历（ERI_down）两个指标来度量和区分。Industry、Year 表示行业、年度的固定效应。

4.2.5　描述性统计分析

表 4-2 显示了主要变量的描述性统计分析，ERI_up 的均值为 0.574，说明 57.4%的上市公司高管具有供应链上游行业的从业经历；ERI_down 的均值为 0.529，说明 52.9%的上市公司高管具有供应链下游行业的从业经历。ROA 和 EBIT 的均值分别为 3.9%和 5.7%，但是业绩最少为-13.8%和-11.2%，说

明了公司间盈利水平存在较大差异。在控制变量中，企业资产规模的对数Size的均值为21.843；固定资产比率Tang的均值为23.7%；资产负债比率Lev的均值为45.0%；企业风险值Vol的均值为14.8%，最大值为43.9%，最小值为4.9%，说明企业之间的风险水平差异较大。研发投入水平R&D的均值为0.023；销售增长率Grow的均值为48.3%，说明企业具有较高的成长水平；第一大股东持股比例Top1均值为36.0%；22.3%的公司存在两职兼任（Dual）的情况；董事会规模（Boardsize）的均值为2.166；独立董事占比（Independence）的均值为36.9%；46.0%的公司属于国有企业。

表4-2 主要变量的描述性统计分析

Variable	Mean	Min	P50	Max	Sd	N
ERI_up	0.574	0.000	1.000	1.000	0.494	17 184
ERI_down	0.529	0.000	1.000	1.000	0.499	17 184
ROA	0.039	-0.138	0.037	0.151	0.050	17 184
EBIT	0.057	-0.112	0.054	0.188	0.053	17 184
Size	21.843	19.081	21.690	25.517	1.263	17 184
Tang	0.237	0.002	0.202	0.747	0.173	17 184
Lev	0.450	0.048	0.450	0.990	0.220	17 184
Vol	0.148	0.049	0.132	0.439	0.068	17 184
R&D	0.023	0.000	0.008	0.172	0.033	17 184
Grow	0.483	-0.849	0.110	11.787	1.580	17 184
Top1	0.360	0.002	0.341	0.899	0.154	17 184
Dual	0.223	0.000	0.000	1.000	0.416	17 184
Boardsize	2.166	1.609	2.197	2.708	0.199	17 184
Independence	0.369	0.250	0.333	0.571	0.052	17 184
Soe	0.460	0.000	0.000	1.000	0.498	17 184

为了更直观地考察董事长或总经理供应链经历对公司业绩的影响，本章分别按供应链上游（ERI_up）、下游（ERI_down）从业经历进行分组，并通过t检验比较两者之间的差异，单变量分析如表4-3所示。可以看出，供应链上游从业经历（ERI_up=1）公司分组ROA均值为0.041，ERI_up=0分组

ROA 均值为 0.036，二者差值为 0.5%，在 1%的水平上显著为正。供应链下游从业经历（ERI_down=1）公司分组 ROA 均值为 0.040，ERI_down=0 分组 ROA 均值为 0.037，两者差值为 0.3%，在 1%的水平上显著为正。本章假说得到初步证实。

表 4-3 单变量分析

Variable	ERI=1		ERI =0		MeanDiff	
	ERI_up	ERI_down	ERI_up	ERI_down	ERI_up	ERI_down
ROA	0.041	0.040	0.036	0.037	0.005***	0.003***
Size	21.841	21.879	21.846	21.803	−0.005	0.076***
Tang	0.228	0.230	0.249	0.244	−0.021***	−0.014***
Lev	0.426	0.430	0.483	0.472	−0.057***	−0.042***
Vol	0.140	0.141	0.160	0.156	−0.020***	−0.015***
R&D	0.028	0.027	0.015	0.017	0.013***	0.010***
Grow	0.433	0.437	0.550	0.534	−0.117***	−0.097***
Top1	0.361	0.360	0.359	0.360	0.002	0.000
Dual	0.253	0.252	0.183	0.191	0.070***	0.061***
Boardsize	2.153	2.152	2.184	2.182	−0.030***	−0.030***
Independence	0.370	0.370	0.367	0.367	0.003***	0.003***
Soe	0.386	0.389	0.559	0.540	−0.172***	−0.151***

注：括号中显示经 White 调整后的 t 值，*、**、*** 分别表示在 10%、5%、1%的水平上显著。

4.3 实证结果与分析

4.3.1 高管供应链从业经历与公司业绩

表 4-4 显示了模型（4.1）的回归结果。表 4-4 中的第（1）列和第（2）列报告了高管供应链上游从业经历 ERI_up 对公司财务业绩 ROA 和 EBIT 的影响。具体来说，第（1）列结果中企业高管上游从业经历 ERI_up 与公司财务业绩 ROA 在 5% 的水平上显著正相关（系数=0.002，t 值=2.301），第（2）列结果中企业高管上游从业经历 ERI_up 与 EBIT 也在 5% 的水平上显著正相

关（系数=0.002，t 值=2.167）。以上结果说明，具有上游供应链从业经历的高管显著提升了企业的财务业绩。第（3）列和第（4）列显示了高管供应链下游从业经历ERI_down对公司财务业绩 ROA 和 EBIT 影响的实证结果。具体来说，企业高管下游从业经历 ERI_down 与公司财务业绩 ROA 在 1% 的水平上显著正相关（系数=0.002，t 值=2.699），而与 EBIT 在 1% 的水平上显著正相关（系数=0.002，t 值=2.134）。这进一步说明供应链下游从业经历的高管提升公司业绩的作用非常显著。在控制变量方面，公司固定资产比例 Tang、负债水平 Lev、经营风险 Vol、独董占比 Independence、产权性质 Soe 与业绩负相关，但成长机会 Grow、第一大股东持股比例 Top1、董事会规模 Boardsize 与业绩正相关。这与已有研究（陈正林和王彧，2014；李欢 等，2018）相一致。以上结果支持了本章假设。具体结果显示，有上游和下游从业经历的高管均能提升公司业绩。

表 4-4 高管供应链从业经历对公司业绩的影响

Variable	ROA (1)	EBIT (2)	ROA (3)	EBIT (4)
ERI_up	0.002**	0.002**		
	(2.301)	(2.167)		
ERI_down			0.002***	0.002**
			(2.699)	(2.134)
Size	0.010***	0.010***	0.010***	0.010***
	(30.679)	(27.124)	(30.644)	(27.105)
Tang	-0.046***	-0.035***	-0.046***	-0.035***
	(-19.656)	(-13.212)	(-19.701)	(-13.244)
Lev	-0.113***	-0.090***	-0.113***	-0.090***
	(-60.718)	(-42.695)	(-60.747)	(-42.726)
Vol	-0.014**	-0.017**	-0.014**	-0.017**
	(-2.259)	(-2.434)	(-2.266)	(-2.435)
R&D	-0.041***	-0.102***	-0.040***	-0.102***
	(-3.054)	(-6.781)	(-3.027)	(-6.752)
Grow	0.001***	0.001***	0.001***	0.001***
	(5.687)	(4.576)	(5.702)	(4.578)
Top1	0.026***	0.025***	0.026***	0.025***
	(11.360)	(9.910)	(11.386)	(9.940)

表4-4(续)

Variable	ROA (1)	EBIT (2)	ROA (3)	EBIT (4)
Dual	0.000	0.000	0.000	0.000
	(0.491)	(0.018)	(0.485)	(0.016)
Boardsize	0.005***	0.005**	0.005***	0.005**
	(2.691)	(2.073)	(2.701)	(2.072)
Independence	-0.026***	-0.032***	-0.026***	-0.032***
	(-3.689)	(-4.006)	(-3.682)	(-4.009)
Soe	-0.010***	-0.012***	-0.010***	-0.012***
	(-12.283)	(-13.817)	(-12.303)	(-13.863)
Cons	-0.129***	-0.114***	-0.129***	-0.114***
	(-15.011)	(-11.815)	(-15.000)	(-11.804)
Year	Yes	Yes	Yes	Yes
Industry	Yes	Yes	Yes	Yes
N	17 184	17 184	17 184	17 184
Adj. R^2	0.278	0.185	0.278	0.185
F	166.653	98.746	166.722	98.741

注：①***、**、*分别表示在1%、5%、10%的水平上显著。

②括号内数值为t统计值，标准误经过了企业层面的聚类调整（下同）。

4.3.2 信息优势：高管关系网络重构事件检验

前文的回归结果表明高管的供应链从业经历显著提升了公司业绩，高管的供应链从业背景和公司业绩具有正相关关系，但还有可能受到内生性问题的困扰，公司业绩可能会影响公司对供应链高管的选择。考虑到公司高管更替会给企业供应链关系中信息优势带来冲击，本章参考姜付秀等（2016）、虞义华等（2018）的研究，利用双重差分（DID）模型来克服上述内生性问题。据此，本章构建如下双重差分模型来检验供应链高管对公司业绩的影响。

$$ROA_{i,t} = \alpha + \beta_1 Treat_{i,t} + \beta_2 Treat \times Change_{i,t} + \beta_3 Change_{i,t} + \varepsilon_{i,t} \tag{4.2}$$

其中，Treat为虚拟变量，当样本是处理组时赋值为1，否则为0。Change为虚拟变量，如果某年发生高管更替赋值为1，否则为0。在前一种情形下，本章将高管更替前后没有供应链从业经历的样本设置为控制组；将高管更替前有供应链从业经历，更替后变为没有供应链从业经历的样本设置为处理组。在后一种情形下，本章将高管更替前后均有供应链从业经历的样本设置为控制组；将高管更替前为没有供应链从业经历，更替后变为有供应链从业经历的样本设置为处理组。

表 4-5 显示了模型（4-2）的估计结果。其中，Panel A 显示了具有上游从业经历高管（ERI_up）的回归结果，第（1）列为上述第一种情形，Treat× Change 交乘项的系数显著为负，说明更替后企业上任的没有供应链从业经历的高管显著降低企业业绩水平。第（2）列为上述第二种情形的估计结果，Treat× Change 交乘项的系数显著为正，说明具有供应链从业经历的高管上任后能显著提升公司的业绩。Panel B 显示了具有下游从业经历高管（ERI_down）的回归结果，结论基本不变。

表 4-5　高管关系网络重构：双重差分法（DID）检验结果

Panel A：*ERI_up*				
Variable	ROA		SupplierHHI	
	(1)	(2)	(3)	(4)
Treat1	-0.002		0.005	
	(-0.542)		(0.573)	
Treat1×Post	-0.016*		-0.038**	
	(-1.825)		(-2.240)	
Treat2		0.000		-0.015**
		(0.091)		(-2.515)
Treat2×Post		0.011**		0.027**
		(2.017)		(2.032)
Post	0.006	-0.003	0.006*	-0.014
	(1.324)	(-0.769)	(1.655)	(-1.347)
Control	Yes	Yes	Yes	Yes
Year&Indu	Yes	Yes	Yes	Yes
N	5 916	5 863	1 876	408
Adj. R^2	0.086	0.073	0.045	0.241
F-test	39.585	8.108	1.655	3.278

表 4-5（续）

Panel B：ERI_down				
Variable	ROA		CustomerHHI	
	(1)	(2)	(3)	(4)
Treat1	-0.005		0.003	
	(-1.159)		(0.225)	
Treat1×Post	-0.015*		-0.023*	
	(-1.742)		(1.966)	
Treat2		-0.003		-0.031***
		(-0.460)		(-2.629)
Treat2×Post		0.023**		0.072***
		(2.229)		(2.687)
Post	0.007*	-0.009	0.008	-0.032
	(1.674)	(-1.339)	(1.512)	(-1.511)
Control	Yes	Yes	Yes	Yes
Yearr&Indu	Yes	Yes	Yes	Yes
N	6 736	5 043	1 931	351
Adj. R^2	0.088	0.052	0.199	0.279
F-test	46.259	4.699	12.691	3.476

在供应链协调不断加强的情况下，企业之间的关系由竞争性交易关系转变为合作伙伴关系（Hui 等，2019）。企业对供应商和客户的议价能力决定着在外生冲击背景下供应链交易稳定性。已有学者的研究也证实了供应链议价能力和稳定性对企业业绩具有正面影响（陈正林和王彧，2014；李欢 等，2018）。因此，本章还检验了高管更替中供应链高管对所在企业供应链议价能力，即客户集中度（CustomerHHI）和供应商集中度（SupplierHHI）的影响。通过分别从上游和下游展开分析后发现，更替后企业上任的是没有供应链从业经历的高管显著降低企业议价能力，更替后企业上任的是具有供应链从业经历的高管显著提升企业议价能力。供应链关系重构 DID 的回归结果再次证实高管的供应链从业经历会对公司的业绩和所在企业对应上下游企业的供应链议价能力带来显著的正面影响。

4.3.3 供应链高管提升公司业绩的作用机制检验

前文的研究发现，供应链高管的存在能够显著影响上市公司的业绩水平。那么供应链高管在提升公司业绩方面究竟是通过什么路径凸显信息优势并促进资源整合呢？公司业绩的稳定增长得益于企业在行业竞争当中具有较高的议价能力和市场份额（陆正飞和杨德明，2011；王迪 等，2016）。行业专家作在供应链关系网络中发挥作用可以促进企业整合优势资源、提升创新效率。那么，供应链高管是否通过增加行业竞争优势，为企业占据更多市场份额呢？此外，公司业绩提高不仅直接依赖于强大的行业竞争力，还依赖于经营成本的有效降低。供应链高管独特的工作经验和技术专长能否使企业的经营管理费用降低呢？供应链高管独特的工作经验和技术专长能否改善商业信用和流动性管理以及提高创新效率呢？本章从开源、节流、商业信用、流动性管理和企业创新等多个角度进行机制分析，研究供应链高管对公司业绩提升的具体路径。

（1）供应链高管与开源。企业所占市场份额在一定程度反映了企业的行业竞争力，不仅能够降低供应链关系中断的风险（Dhaliwal 等，2016），而且能够帮助企业提升在银行方面的信贷优势（王迪 等，2016）。市场份额直观反映着企业在市场当中的竞争力，高管的供应链背景有利于企业在行业竞争当中获得信息优势，进而获得竞争优势。因此，本章参考陆正飞和杨德明（2011）与陈正林和王彧（2014）等学者的研究，将上市公司在用行业中市场价值的比例反映企业所占市场份额，用指标 MKTSHARE 表示。根据前文的分析，不同类型的供应链高管对公司经营活动具有差异化影响。本章认为，那些具有下游从业经历的高管因其特殊的工作经验和背景，在和客户谈判的过程中有技巧和议价能力，更容易获得客户的信任感和认同感，从而赢得了抢占市场先机的机会，增加市场份额。综上所述，本章预期具有下游工作经历的高管有利于企业增强议价能力，抢占市场份额，并且构建模型（4.3）、模型（4.4）和模型（4.5）进行中介效应检验，验证供应链高管是否通过开拓市场抢占商业先机进而提升公司业绩水平。

$$\mathrm{ROA}_{i,t} = \alpha + \alpha_1 \mathrm{ERI}_{i,t} + \alpha_2 \mathrm{Controls}_{i,t} + \mathrm{Indu} + \mathrm{Year} + \varepsilon_{i,t} \tag{4.3}$$

$$\mathrm{MKTSHARE}_{i,t} = \gamma + \gamma_1 \mathrm{ERI}_{i,t} + \gamma_2 \mathrm{Controls}_{i,t} + \mathrm{Indu} + \mathrm{Year} + \varepsilon_{i,t} \tag{4.4}$$

$$ROA_{i,t} = \mu + \mu_1 ERI_{i,t} + \mu_2 MKTSHARE_{i,t} + \mu_3 Controls_{i,t} + Indu + Year + \varepsilon_{i,t} \tag{4.5}$$

其中，控制变量主要包括总资产自然对数（Size）、固定资产比率（Tang）、研发投入（R&D）、资产负债率（Lev）、现金流动性（Cash）、经营风险（Vol）、第一大股东持股比（Top1）、上市公司年龄（Firmage）、企业产权性质（Soe）、两职合一（Dual）、董事会规模（Boardsize）。本章参考温忠麟和叶宝娟（2014）的有关中介效应检验的研究。具体作用路径检验如下：首先，本章用模型（4.3）检验供应链高管对公司业绩的影响；如果系数 α_1 显著，则继续用模型（4.4）检验供应链高管对中介变量公司市场份额（MKTSHARE）的影响；如果系数 γ_1 显著，则将解释变量（ERI）和中介变量（MKTSHARE）同时放入模型（4.5）进行回归分析；最后进行中介效应判断。如果系数 μ_2 不显著，则中介效应不成立；如果系数 μ_2 和 μ_1 均显著，则为部分中介效应成立；如果系数 μ_2 显著且 μ_1 不显著，则完全中介效应成立。

供应链高管、市场份额与公司业绩的回归结果如表 4-6 所示。从表 4-6 第（1）列结果中可以发现，具有下游从业经历的高管指标（ERI_down）显著为正，说明高管的供应链背景有利于上市公司业绩水平提升。这一结果在 1%的水平上通过显著性检验。第（2）列为模型（4-4）的回归结果，可以看到高管供应链从业经历系数在 1%的水平上显著为正，说明高管的供应链下游背景有利于上市公司市场份额的增加。第（3）列中下游从业经历的高管指标 ERI_down 和上市公司市场份额指标（MKTSHARE）的估计系数在 1%的水平上均显著为正。中介效应的 Sobel 检验结果 Z 统计量为 2.792 且在 5%的水平上显著。从市场份额的角度看，高管供应链下游从业经历使上市公司作为核心企业与上下游产业建立了较好的沟通关系，有利于争取到更多的市场份额，提升企业的议价能力，通过影响企业开拓市场抢占商业先机进而提升公司业绩水平。

表 4-6 供应链高管、市场份额与公司业绩的回归结果

Variable	ROA (1)	MKTSHARE (2)	ROA (3)
ERI_down	0.002***	0.008***	0.002***
	(2.699)	(3.042)	(2.592)
MKTSHARE		0.013***	
			(5.553)

表4-6(续)

Variable	ROA (1)	MKTSHARE (2)	ROA (3)
Cons	-0.129***	2.693***	-0.158***
	(-15.000)	(36.820)	(-15.676)
Control	Yes	Yes	Yes
Year	Yes	Yes	Yes
Indu	Yes	Yes	Yes
N	17 184	17 184	17 184
Adj. R^2	0.280	0.844	0.281
F	166.722	1 979.380	163.691
Sobel Z（P value）			2.792 (0.005)

（2）供应链高管与节流。在供给侧结构性改革的推进过程中，一个非常重要的任务是降低成本。经济结构的调整和企业业绩的提升离不开供应链整合后的降本增效。王雄元和高开娟（2017）通过对供应链关系和企业成本进行研究，发现制造业企业可以通过合作效应降低企业的成本黏性，但这种效应仅在需求不确定性较高或竞争激烈的样本中存在。陈正林和王彧（2014）证实了供应链关系的稳定程度不仅可以降低企业的期间费用，还有利于提升资产利用效率。不少国外学者的研究也发现了供应链关系和企业成本作用机制。与已有文献的发现相反，Patatoukas（2012）认为，企业和客户之间的关系风险和摩擦的增多会使销售费用等成本增加。本章认为，高管供应链行业背景带给企业的信息优势和人际信任可以被企业有效利用以增强供应链稳定性、减少供应链关系摩擦，并作用于企业的经营成本上。本章参考陈正林和王彧（2014）、王雄元和高开娟（2017）的研究，选择上市公司的期间费用率（COST）表示企业经营成本，构建模型进行中介效应检验，控制变量同模型（4.3），中介效应检验过程同前文，此不赘述。

供应链高管、经营成本与公司业绩的回归结果如表 4-7 所示。从表 4-7 第（1）列结果中可以发现，具有上游从业经历的高管指标（ERI_up）显著为正，说明高管的上游从业背景有利于上市公司业绩水平提升，并在 5%的水平上通过显著性检验。第（2）列为模型（4.4）的回归结果，可以看到高管供应链从业经历系数在1%的水平上显著为负，说明高管的供应链上游从业背景有利于上市公司节约经营成本。第（3）列中上游从业经历的高管指标（ERI_up）和上市公司经营成本指标（COST）的估计系数分别在10%和1%的水平上均显著，且ERI_up估计系数有一定程度下降。中介效应的Sobel检验结果Z统计量为4.496且在1%的水平上显著。这些都说明，高管来自上游行业有利于减少企业与供应商之间的摩擦，可以有效提升运营效率，帮助核心企业节约成本。由此可见，高管供应链经历具有节流效应，这也是提高企业绩效的一个机制。

表4-7　供应链高管、经营成本与公司业绩的回归结果

Variable	ROA (1)	COST (2)	ROA (3)
ERI_up	0.002**	-0.019***	0.001*
	(2.301)	(-4.691)	(1.752)
COST			-0.022***
			(-15.745)
Cons	-0.129***	1.079***	-0.104***
	(-15.011)	(23.680)	(-12.075)
Control	Yes	Yes	Yes
Year	Yes	Yes	Yes
Industry	Yes	Yes	Yes
N	17 184	17 184	17 184
Adj. R^2	0.280	0.129	0.290
F	166.653	63.293	170.977
Sobel Z (P value)			4.496 (0.000)

（3）供应链高管与商业信用。商业信用是在商品或服务的交易中由于延期收付款所形成的企业常见的信贷关系，属于企业的直接融资形式，也属于企业营运资本管理的内容。商业信用在一定程度反映了公司的财务状况和经营效率，对公司业绩有重要的影响。张良和马永强（2016）在研究中发现商业信用对公司业绩有显著影响。适度的商业信用可以促进公司有效投资，提升公司业绩。一般来说，公司商业信用的提供者是供应商，而商业信用的获

得者是客户群体（余明桂和潘红波，2010），商业信用的适度运用有助于降低产品交易成本、保证产品质量、扩大市场份额、获得稳定货源等。从商业信用提供的角度看，上市公司提供给客户商业信用容易造成企业管理成本的增加和财务风险的增大，比如客户占用公司营运资金的机会成本、客户资质评估费用和账款管理成本。一旦客户坏账违约，将给公司带来经营风险和财务困境成本（何威风和刘巍，2018）。下游从业经历的高管深谙下游行业的经营风险，在企业与客户进行战略合作和谈判过程中，利用自身专业知识和经验积累把握客户的资信水平和经营状况，通过供应链网络中的私有信息减少因信息缺失带来的误判，控制经营风险，减少由于客户账款违约带来的潜在财务风险和对公司营运资本的占用。因此，本章预期高管下游工作经历减少上市公司向客户提供商业信用。

从商业信用获得的角度看，商业信用从供应商处的获得依赖于公司优质的资信状况和良好的偿还能力，而供应链高管除具有上游行业知识经验的信息优势外，还在供应链网络中发挥声誉抵押的重要作用。已有研究证实了非正式制度在公司的商业信用获得方面发挥了重要作用，部分学者从高管的社会网络关系角度入手，发现公司管理者的背景或能力直接或间接影响商业信用，且高管社会关系与工作能力对公司获取商业信用起到积极的作用（唐松等，2017；何威风和刘巍，2018）。商业信用的获得需要企业向供应商传递不会违约的强烈信号，而高管供应链网络具有重要的信号显示作用。供应链高管重视自己的口碑和声誉，注重维护个人声誉，其所在企业信用违约风险小，取得市场的信任更为容易。因此，供应链高管在供应链关系网络具有重要的隐性担保功能，有利于企业获得更多的商业信用。由此，本章预期：在其他条件都相同的情况下，高管具有上游行业工作经历的公司获得的商业信用更多。参考陈正林（2017）、何威风和刘巍（2018）的研究，本章用应收账款占总资产的比例（TC_S）衡量公司商业信用提供，同时利用应付账款占总负债的比例（TC_D）来衡量公司商业信用获得。对于公司来说，应收账款在会计上属于资产或收益，因此分母应该是总资产；应付账款属于负债或成本，因此分母应该是总负债。综上所述，本章应收账款和应付账款采用不同的度量方式。

表 4-8 显示了高管供应链从业经历对商业信用的影响，分别从商业信用提供和获得两个角度进行分析。表 4-8 中的第（1）列和第（2）列为高管上游供应链从业经历对企业从供应商获得商业信用的回归结果。可以看出，高

管上游从业经历ERI_up与商业信用获得 TC_D 在 10% 的水平上显著正相关（系数=0.008，t 值=1.660），控制行业和年度时变性后，结果不变。第（3）列和第（4）列为高管下游供应链从业经历对企业为客户提供商业信用的回归结果。第（3）列显示，高管下游从业经历 ERI_down 与商业信用提供 TC_S 在 10%的水平上显著负相关（系数=-0.002，t 值=-1.949）。第（4）列考虑了行业和年度控制变量，高管下游从业经历 ERI_down 与商业信用提供 TC_S 依旧显著负相关。该结果说明高管供应链从业经历有利于其利用信息优势和谈判优势，合理评判客户信用风险、客户账款违约带来的潜在财务风险和客户对公司营运资本的占用，减少向客户提供商业信用。同时，高管在向供应商获得商业信用的过程中发挥声誉抵押作用，他们的口碑和信任在供应链关系网络中具有重要的隐性担保功能，有利于企业获得更多的商业信用。

表 4-8　高管供应链从业经历对商业信用的影响

Variable	TC_D		TC_S	
	(1)	(2)	(3)	(4)
ERI_up	0.008*	0.009**		
	(1.660)	(2.072)		
ERI_down			-0.002*	-0.002*
			(-1.949)	(-1.862)
Cons	-0.014	0.098*	0.067***	0.150***
	(-0.846)	(1.917)	(8.834)	(6.538)
Control	Yes	Yes	Yes	Yes
Year	No	Yes	No	Yes
Industry	No	Yes	No	Yes
N	17 184	17 184	17 184	17 184
Adj. R^2	0.074	0.084	0.048	0.053
F	47.201	39.537	25.567	20.380

（4）供应链高管与流动性管理。公司价值创造离不开流动性管理的优化。管理者的行为决策往往受到过去经历的影响（周楷唐 等，2017；权小峰 等，2018；杜勇 等，2019；张晓亮 等，2019），在上下游企业等相关行业工作过的人进入上市公司管理层之后，他们所拥有的上下游行业信息优势和实践经验不仅使他们在新的决策活动中保持反思和警觉、吸取以往的经验教训，还

会使他们更多关注目前公司的业绩和股东价值，帮助企业进行有效的流动性管理。首先，潜在的客户和供应商认为具有供应链从业经历高管的公司是“好”的信号，委托代理问题更少，监督机制更为完善，从而增加了未来的合作意愿。良好的供应链合作有利于降低企业的管理成本，提升企业的管理效率。例如，Patatoukas（2012）发现供应链有效合作提高了企业资产运营效率以及存货管理效率（Ak 和 Patatoukas，2016；李艳平，2017）。此外，供应链交易所倡导的合作共赢，在一定程度上避免了“一锤子买卖”式交易的发生，减少了短视行为和机会主义（崔蓓和王玉霞，2017）。其次，具有供应链从业经历高管的公司应对外部冲击能力、抵御行业风险能力更强，通过上下游行业发展和经营环境的深度把握，供应链从业时的“烙印”让管理者在企业面临行业负面冲击时做出有利于企业发展的决策，使企业依旧保持平稳发展和较高的流动性管理水平。最后，供应链从业经历高管增强了企业在商业交易往来的议价能力，具有上下游行业经验的高管可以有效合理利用知识和经验、增强谈判能力、获得财富效应（Fich 和 Nguyen，2018），同时基于企业自身利益与供应商讨价还价争取更有利的现金和商品周转条件，加强与供应链成员企业之间的利益往来、加速资金和货物的周转效率（李欢 等，2018）。参考饶品贵和姜国华（2013）、陈正林（2017）的研究，本章流动性管理指标主要包含现金周转期（CCC）、存货周转期（ICP），为方便统计流动性指标均做对数处理。

表 4-9 显示了高管供应链从业经历分别对现金周转期（CCC）、存货周转期（ICP）水平等流动性管理的影响。表 4-9 中的第（1）列和第（2）列显示了高管供应链从业经历对企业现金周转期（CCC）的回归结果，高管供应链从业经历变量 ERI_up 和 ERI_down 回归系数分别为-0.054 和-0.079，且在1%的水平上显著；第（3）列和第（4）列显示了高管供应链从业经历对存货周转期（ICP）的回归结果，高管供应链从业经历变量 ERI_up 和 ERI_down 回归系数分别为-0.046 和-0.037，且分别在 1%和 5%的水平上显著。这说明，具有供应链从业经历高管有效合理利用知识和经验，可以基于企业自身利益与讨价还价争取更有利的现金和商品周转条件，提升了现金周转水平和存货周转水平，从而使高管具有供应链从业经历的公司现金周转期和存货周转期更短，改善流动性管理。

表 4-9 高管供应链从业经历对流动性管理的影响

Variable	CCC		ICP	
	(1)	(2)	(3)	(4)
ERI_up	-0.054***		-0.046***	
	(-3.035)		(-2.714)	
ERI_down		-0.079***		-0.037**
		(-4.602)		(-2.218)
Cons	6.505***	6.501***	5.741***	5.739***
	(32.562)	(32.557)	(29.964)	(29.947)
Control	Yes	Yes	Yes	Yes
Year	Yes	Yes	Yes	Yes
Industry	Yes	Yes	Yes	Yes
N	17 184	17 184	17 184	17 184
Adj. R^2	0.357	0.357	0.424	0.424
F	239.409	239.875	316.752	316.646

（5）供应链高管与企业创新。企业的创新活动一直以来都是国内外学者关注的重点。一方面，企业的创新活动需要大量的资金投入，需要企业的融资可持续性。融资约束和不稳定的融资渠道制约了创新生产力（Brown 等，2010）。另一方面，创新是企业可持续发展和增加长远价值的一个重要影响因素，创新活动对经济增长和社会发展的作用十分重要（Kogan 等，2017；Kang 等，2018）。已有研究证实了公司的创新效率取决于高管的管理能力和知识技术、社会资本等因素（Faleye 等，2014；Kang 等，2018）。外部融资也是中国上市公司最重要的正式融资渠道（Allen 等，2005）。Hu 和 Liu（2015）认为，高管多样化职业经历中的社会关系确实缓解了融资约束。王迪等（2016）证实了稳定的供应链关系有利于融资水平提升。与这些观点一致，本书认为，具有供应链从业经历的高管能够帮助企业缓解面临的财务约束，增强与供应链合作的稳定性，更好地利用社会网络和知识技能提升企业创新效率。如果高管是信息枢纽，其供应链行业从业经历是有价值的社会资本，那么具有供应链行业经验的高管应该能够缓解企业面临的融资约束和减少企业面临的技术壁垒，提升创新生产力。参考 Faleye 等（2014）、虞义华等（2018）的研究，本章选择上市公司的创新投入 R&D（企业当年创新投入与

当年公司总资产的比值）和创新产出 PATENT（企业当年创新专利数量的对数值）表示企业创新活动并进行 Tobit 回归检验。

表 4-10 显示了高管供应链从业经历对企业创新投入和产业的影响。表 4-10中的第（1）列和第（2）列以两种方式衡量的高管供应链从业经历对企业创新投入水平的回归结果。其中，ERI_up 回归系数为 0.419，在 1%的水平上显著，ERI_down 回归系数为 0.238，在 1%的水平上显著。这说明，供应链从业经历的高管能显著提升企业创新投入水平 R&D。第（3）列和第（4）列的回归结果显示供应链行业专家对企业创新产出水平的回归结果，ERI_up 和 ERI_down 回归系数分别为 0.122 和 0.166，且分别在 5%和 1%的条件下显著。这说明，相比没有于供应链行业从业经历的高管，有供应链从业经历的高管更能帮助企业提升创新产出水平 PATENT。这一结果从侧面反映了具有上游从业经历的高管了解更多上游产业的创新技术并加大对公司创新方面的投入和支持，而具有下游从业经历的高管更了解客户的需求，从客户的创新需求出发带动企业创新成果的转化，以开展新一轮的生产。因此，高管的供应链从业经历有利于上市公司及时把握供应链信息和行业创新的动态，合理增加企业创新投入和创新产出，从而进一步提升企业的可持续发展能力。

表 4-10 高管供应链从业经历对企业创新投入和产出的影响

Variable	R&D		PATENT	
	(1)	(2)	(3)	(4)
ERI_up	0.419***		0.122***	
	(4.406)		(3.262)	
ERI_down		0.238***		0.166***
		(2.592)		(4.588)
Cons	4.706***	4.708***	1.793***	1.792***
	(144.254)	(144.245)	(125.138)	(125.142)
Control	Yes	Yes	Yes	Yes
Year	Yes	Yes	Yes	Yes
Industry	Yes	Yes	Yes	Yes
N	15 170	15 170	15 170	15 170
Pseudo R^2	0.106	0.106	0.184	0.184
Chi^2	7 977.075	7 964.382	9 691.630	9 702.032

4.3.4 内生性分析

前文的分析表明，上市公司供应链高管所具有的信息优势有利于其所在公司提升盈利水平，同时在增加市场占有率、节约经营成本、增加商业信用往来、改善流动性管理和创新等方面发挥积极作用。但是，供应链高管对公司业绩的提升作用可能受到内生性问题的影响，本章继续利用工具变量法（2SLS）、倾向匹配得分法（PSM）进行内生性检验。

（1）工具变量法（2SLS）。本章参考 Dass 等（2014）和杜勇等（2019）的做法，以上一年各企业所在行业高管供应链从业经历的平均值 Mean_ERI 构建工具变量进行内生性分析。表 4-11 显示了工具变量法（2SLS）回归结果。表 4-11中的第（1）列和第（2）列显示了第一阶段面对工具变量和其他控制变量进行回归分析的结果。我们可以看到，高管供应链从业经历和工具变量高度相关。Mean_ERI_up 和 Mean_ERI_down 得到了正回归系数，且在 1%的水平上显著，显示了工具变量与内生变量的相关性。第（3）列和第（4）列显示了第二阶段工具变量法（2SLS）回归结果，Sargan 检验在统计上不显著，说明不存在过度识别的问题；Anderson 检验在统计上显著，说明工具变量与内生变量显著相关，并且 Wald 检验在统计上显著，说明不存在弱相关问题。由此可见，工具变量选择合理有效。我们利用第一阶段得到的估计预测进行第二阶段回归，结果发现高管供应链上游从业经历（ERI_up）回归系数为 0.020，且在 1%的水平上显著，高管供应链下游经历（ERI_down）回归系数为 0.028，且在 1%的水平上显著，该结果说明在控制内生性之后，供应链高管显著提升公司业绩。

表 4-11 工具变量法（2SLS）的回归结果

Variable	ERI_up	ERI_down	ROA	
	(1)	(2)	(3)	(4)
ERI_up			0.020***	
			(3.849)	
ERI_down				0.028***
				(5.746)
Mean_ERI_up	0.538***			
	(2.593)			

表4-11(续)

Variable	ERI_up	ERI_down	ROA	
	(1)	(2)	(3)	(4)
Mean_ERI_down		0.735***		
		(3.643)		
Control	Yes	Yes	Yes	Yes
Year&Indu	Yes	Yes	Yes	Yes
N	14 389	14 389	14 367	14 367
R^2			0.260	0.232
F			141.334***	136.791***
Anderson canon. corr. LM statistic			154.411	177.853
Cragg-Donald Wald F statistic			77.400	89.223
Sargan statistic			0.285	0.211

(2) 倾向匹配得分法（PSM）。本章继续采用倾向匹配得分法（PSM）进行内生性检验，以便获得更为稳健的结论。针对倾向匹配得分法，首先，本章以具有供应链从业经历高管指标 ERI_up 和 ERI_down 作为解释变量，以为公司规模（Size）、固定资产比率（Tang）、资产负债率（Lev）、销售增长率（Growth）、经营风险（Vol）、研发费用（R&D）、两职合一（Dual）、董事会规模（Boardsize）、独立董事比例（Independence）、第一大股东持股比例（Top1）、产权性质（Soe）以及年度虚拟变量（Year）和行业虚拟变量（Indu）等特征变量进行 logit 回归估计。其次，本章把计算得到倾向匹配得分，按照临近匹配 1：1 的原则配对，其中平衡性检验的结果已经表明匹配后所有特征变量的标准化偏差均小于 10%，且所有特征变量处理组和控制组均无显著差异性，基本排除其他不可观测因素的影响。最后，本章利用匹配后的样本进行回归分析。表 4-12 显示了倾向匹配得分法（PSM）回归结果。表 4-12 中的第（1）列和第（2）列显示，具有上游从业经历的高管 ERI_up 和具有下游从业经历的高管 ERI_down 回归系数显著为正。这一结果说明采用倾向匹配得分法（PSM）较好地解决了内生性问题，本章结论具有较强的稳定性。

表 4-12　倾向匹配得分法（PSM）的回归结果

Variable	ROA	
	(1)	(2)
ERI_up	0.002**	
	(2.043)	
ERI_down		0.002**
		(2.298)
Cons	-0.126***	-0.129***
	(-12.062)	(-12.661)
Control	Yes	Yes
Year	Yes	Yes
Industry	Yes	Yes
N	12 779	13 366
Adj. R^2	0.275	0.281
F	121.072	130.382

4.3.5　稳健性检验

本部分对高管供应链从业经历和公司业绩的关系进行稳健性检验。

首先，本章对高管供应链从业经历度量方法进行稳健性检验。本章将具有供应链从业经历的高管占每年董事会规模的比例（ERI_up_ratio 和 ERI_down_ratio）作为一个衡量指标来做稳健性检验。表 4-13 中的 Panel A 得到的回归结果与前文一致。

其次，从国内已有研究来看，陈正林和王彧（2014）、王迪等（2016）、王雄元和高开娟（2017）都认为，供应链关系在制造业当中的表现十分明显，本章针对制造业进行子样本回归分析。表 4-13 中的 Panel B 显示了制造业子样本回归结果，说明了高管供应链从业经历和上市公司的业绩水平呈现正相关关系。

最后，本章重新划分时间进行子样本回归的稳健性检验。因为 2012 年我国修订了《公开发行证券的公司信息披露内容与格式准则》，鼓励上市公司在年报中分别披露前五名供应商和客户的名称及采购、销售金额，所以本章剔除 2012 年之前的子样本进行稳健性检验，结论不变。

表 4-13 稳健性检验：供应链高管和公司业绩

Panel A 稳健性检验：替换被解释变量				
Variable	ROA		Tobin's Q	
	(1)	(2)	(3)	(4)
ERI_up_ratio	0.013**		0.606***	
	(2.103)		(3.046)	
ERI_down_ratio		0.014**		0.872***
		(2.253)		(4.368)
Control	Yes	Yes	Yes	Yes
Year	Yes	Yes	Yes	Yes
Industry	Yes	Yes	Yes	Yes
N	17 184	17 184	17 184	17 184
Adj. R^2	0.280	0.280	0.429	0.429
F	166.623	166.645	275.466	275.895
Panel B 稳健性检验：制造业子样本				
Variable	ROA		Tobin's Q	
	(1)	(2)	(3)	(4)
ERI_up	0.002**	0.057*		
	(2.239)	(1.928)		
ERI_down			0.001	0.074**
			(1.166)	(2.486)
Control	Yes	Yes	Yes	Yes
Year	Yes	Yes	Yes	Yes
Indutry	Yes	Yes	Yes	Yes
N	10 955	10 955	10 955	10 955
Adj. R^2	0.302	0.452	0.301	0.453
F	205.294	331.330	205.067	331.525

表 4-13（续）

Panel C 稳健性检验：2012 年以后子样本				
Variable	ROA		Tobin's Q	
	(1)	(2)	(3)	(4)
ERI_up	0.002*	0.314***		
	(1.655)	(6.473)		
ERI_down			0.003***	0.267***
			(2.617)	(5.449)
Control	Yes	Yes	Yes	Yes
Year	Yes	Yes	Yes	Yes
Indutry	Yes	Yes	Yes	Yes
N	6 844	6 844	6 844	6 844
Adj. R^2	0.279	0.390	0.280	0.388
F	79.991	87.496	80.164	86.876

4.4 供应链高管与公司价值

公司业绩是公司在一段时间内经营成果的体现，公司进行经营活动的最终目的是实现股东财富价值最大化，也称公司价值最大化。供应链高管作为信息接收者和处理者所具有的信息优势是否被投资者和市场认可，带来企业长期价值增长的预期呢？本部分继续探索供应链高管对公司价值的具体影响。在公司金融领域的研究中，托宾 Q 值被普遍用来对公司价值进行长期评估。本章以托宾 Q 值（Tobin's Q），即公司市值与年末总资产比值作为度量公司价值的指标，并且将托宾 Q 值取对数（Log Q）进行稳健性检验。

表 4-14 显示了高管供应链从业经历和公司价值的回归结果。表 4-14 中的第（1）列和第（3）列以两种方式衡量的高管的供应链从业经历对公司价值的回归结果。其中，ERI_up 回归系数为 0.070，且在 1%的水平上显著，ERI_down 回归系数为 0.104，在 1%的水平上显著。这说明，供应链从业经历的高管能显著提升公司价值 Tobin's Q。第（2）列和第（4）列的回归结果显示了将托宾 Q 值取对数作为公司市场价值（Log Q）的回归结果。ERI_up 和 ERI_down 回归系数在 1%的条件下显著为正。以上结果反映了具有上游或下游从业经历的高管被市场所认可，其所在公司更具供应链信息优势，高管的

供应链从业经历有利于公司价值提升，高管层面的供应链特征在公司价值的创造过程中起到了重要作用。

表 4-14 高管供应链从业经历和公司价值的回归结果

Variable	Tobin's Q (1)	LogQ (2)	Tobin's Q (3)	LogQ (4)
ERI_up	0.070***	0.022***		
	(2.943)	(3.208)		
ERI_down			0.104***	0.026***
			(4.309)	(3.669)
Cons	28.954***	11.286***	28.964***	11.282***
	(45.321)	(60.336)	(45.371)	(60.350)
Control	Yes	Yes	Yes	Yes
Year	Yes	Yes	Yes	Yes
Industry	Yes	Yes	Yes	Yes
N	17 184	17 184	17 184	17 184
Adj. R^2	0.429	0.640	0.429	0.640
F	275.439	651.413	275.872	651.632

4.5 本章小结

本章从供应链信息处理主体特征出发，根据大量手工搜集整理的高管供应链从业经历数据，深入研究了供应链高管对公司业绩的影响。本章发现，供应链高管显著提升公司盈利水平。本章的研究证实了在上市公司，供应链高管的存在能在一定程度上发挥专家能力和圈子效应，稳定供应链关系，增强企业在供应链交易中的信息接收和处理优势，为企业带来财富增长。特别地，本章基于开源、节流、商业信用、流动性管理和企业创新的角度进行机制分析。本章发现，供应链高管通过抢占市场先机、节约经营成本、增加商业信用、改善流动性管理和促进企业创新等途径提升公司业绩和可持续发展动力。

本章的研究贡献在于：一是本章是国内实证研究供应链高管对企业经营管理行为影响的一次有益尝试，弥补了高管特征和供应链特征相关领域的研究不足，为供应链治理在上市公司层面的研究提供了重要补充。目前，学术界主要侧重于研究供应链企业的客户关系和客户议价能力（唐跃军，2009；Campello 和 Gao，2017；王雄元和高开娟，2017；Hui 等，2019），鲜有文献从高管层面研究企业的供应链特征，并详细分析高管供应链从业经历的经济效应。二是内容和研究角度的创新。不同于已有文献基于业绩水平进行分析，本章综合考虑供应链高管在企业占据市场份额、节约经营成本、改善商业信用和流动性管理、创新方面的不同影响，更细致全面地进行解读分析，丰富了供应链高管提升公司业绩的影响机制的内容。三是本章手工搜集整理的数据具有独特之处。本章通过手工搜集整理中国上市公司供应链特征数据和高管从业经历数据，将供应链专家和企业高管进行精确匹配，识别具有供应链经历的高管，为供应链特征的研究拓展了空间。

5 供应链信息披露对投资效率的影响

上一章主要从高管层面的供应链特征入手，研究上市公司供应链高管在信息处理、交换和运用过程中如何影响企业行为和业绩，探究在公司创造价值的过程中高管层面供应链特征起到的作用。实际上，上市公司供应链特征不仅包含高管层面的供应链特征还包含公司其他层面的供应链特征。供应链高管的信息优势主要在于减少了上市公司与供应商、客户之间的信息不对称。在供应链信息的流动、转化和传递过程中，还存在着上市公司与投资者、债权人等利益相关者的信息不对称问题。那么，上市公司其他层面的供应链特征如何减少信息不对称从而创造价值呢？在实践中，这又如何影响公司运作呢？解决该问题需要对供应链信息披露和传递的情况进行深入分析。核心企业对供应链信息披露属于自愿性披露，优质的信息披露才能够保证第三方完整、及时获取供应链信息，从而达成有效的信息传递。本章从信息披露角度探究公司层面的供应链特征对公司运作产生的影响。

本章从信息披露的角度出发，探究供应链信息披露行为特征如何影响投资效率。在公司参与市场竞争的过程中，信息披露质量不高易带来公司内外部信息不对称和管理层的监督缺乏等问题，从而导致投资不足和过度投资等非效率投资行为。供应链信息披露不仅是公司信息披露含量和质量的重要组成部分（李丹和王丹，2016），也是企业向外部投资者传递公司供应链状况以及发展前景的重要方式。同时，投资行为是公司创造价值的驱动力，公司投资效率的影响因素一直是国内外学者的研究热点。因此，探究供应链信息披露对公司投资效率的影响，不仅是上市公司创造价值的内在需求，也是政府部门完善相关制度的现实依据。

相比于美国上市公司供应链信息“一对一”关系的强制披露标准，我国供应链信息披露制度建设具有明显不同，属于自愿性披露。近年来，虽然我国的监管机构一直以来不断提升对信息披露质量的要求，降低由于信息不对称带来的交易成本，优化资本市场信息环境，但我国上市公司对供应链信息披露标准的模糊性使财务报告中供应链的一些重要信息披露存在主观性和大量缺失。结合我国供应链信息披露特征思考，上市公司供应链信息披露是否对投资效率有影响呢？以往的研究并未给出答案。本章从上市公司的年报中手工搜集并整理公司披露的前五大供应商信息和客户信息，发现供应链信息披露有利于公司减少非效率投资，并且供应链信息披露通过缓解企业融资约束和减少委托代理问题降低非效率投资。同时，本章还采用了倾向匹配得分法（PSM）、工具变量法（2SLS）、双重差分法等方法（DID）进行内生性分析以获得更为稳健的结论。

5.1 理论分析与研究假设

投资行为是公司创造价值的驱动力，投资决策是公司进行财务决策的起点和核心内容。基于信息不对称理论及委托代理理论分析公司投资效率的影响因素一直是国内外学者的研究热点。在公司运作和发展的过程中，造成非投资效率的主要因素就是现代资本市场中的信息不对称，而信息不对称所带来的融资约束和代理冲突两方面易导致公司非效率投资行为。一方面，公司经营权和所有权的两权分离造成股东和代理人之间目标不同、利益冲突。而公司内部代理人和股东之间的信息不对称，易导致代理人发生增加在职消费（Stulz，1990）、放弃净现值为正的投资机会等管理者风险厌恶行为（Ross，1973），这都会给公司造成一定程度的投资不足。同时，由于公司内部信息不对称产生的代理问题还可能驱动代理人构建“企业帝国”（Brealey 和 Myers，2000）、选择投资净现值为负但能使代理人自身获利的投资项目，进而引发过度投资的问题。另一方面，公司还存在着内外部信息不对称，控股股东处于信息优势方，而小股东处于信息劣势方，两者之间也存在着代理问题。当信息不对称水平较高时，控股股东容易发生“掏空行为”（Johnson 等，2000），比如占用公司大量资金和股利分红将会导致企业的投资不足，低质量的资产转移行为又容易导致过度投资。在此情境下，投资者将要求更高的资本回报，公司的外部融资能力下降，受到融资约束的限制，进而引发投资不足问题。因此，如何抑制公司非效率投资行为是公司经营和价值创造过程中关注的重点。

我国上市公司客户和供应商信息具有其特殊性。首先，供应链信息是无形资产且具有信息价值。已有研究证实，这一隐蔽的资产可以为投资者等利益相关者理解企业价值提供增量信息，反映企业的股价和盈利能力（Bonacchi 等，2015），影响投资者投资（Dhaliwal 等，2016）、银行授信（王迪 等，2016）、审计师决策（方红星和陈勇，2016；Krishnan 等 2019；唐斯圆和李丹；2018）。因为供应链信息不仅体现某些私有信息还意味着公共信息含量，不仅包含着微观的企业信息还包括中观的行业信息，所以审计师或分析师对企业供应链信息的关注不仅有助于其获取有关企业经营状况的信息，获得相对应的企业客户等私有信息，节约信息收集成本，还能对行业的发展和预测做出更准确的判断（张敏 等，2012；Guan 等，2015；王雄元和彭旋，2016）。因此，供应链信息包含了企业经营和未来发展等重要内容（Ak 和 Patatoukas，2016；李艳平，2017；李欢 等，2018），影响着企业的投资活动。其次，供应链信息披露有利于行业信息的共享，改善资本市场的信息环境。Olsen 和 Dietrich（1985）证实了供应链信息在纵向层面传递的现象，他们发现客户的销售公告将会引起核心企业在资本市场上的股价波动。李丹和王丹（2016）从股价同步性的角度分析，发现客户信息对上市公司所在的信息环境同样具有重要影响。公司层面的信息传导及行业层面的信息联动使资本市场投资者获取信息的渠道增加，信息环境进一步优化。最后，我国对上市公司的供应链信息归入自愿性披露内容，而非强制性披露内容。针对上市公司披露客户和供应商信息，2001 年发布的《公开发行证券的公司信息披露内容与格式准则》第 2 号文件就要求上市公司披露采购或销售比例超过 50%前五大供应商和客户的采购、销售总额。2006 年修订的《拟上市公司招股说明书披露准则》第 9 号文件提及供应商或客户名称的披露。之后，2012 年修订的《公开发行证券的公司信息披露内容与格式准则》第 2 号文件鼓励上市公司在年报中分别披露前五名供应商和客户的名称及采购、销售金额。相比之下，美国采用强制性客户信息披露政策，《美国财务会计准则》（Statement of Financial Accounting Standards，SFAS）第 131 号文件规定，企业应披露其对主要客户的依赖程度，如果销售给客户的收入达到或超过 10%，必须同时披露该客户的身份及销售占比。一直以来，我国的监管机构不断要求提升上市公司信息披露质量，降低由于信息不对称带来的搜集成本和交易成本等，从而提高资本市场的信息透明度。

结合前文的分析，本章认为，供应链信息披露对公司投资行为的影响主要体现在两个方面：第一，供应链信息的披露有利于减少公司内外部信息不对称的状况，减少融资约束导致的投资不足问题。企业非效率投资受到信息不对称的重要影响（Myers 和 Majluf，1994），上市公司自愿披露的非财务信息有利于提高公司的透明度，减少企业内部和外部的信息不对称问题（Glosten 和 Milgrom，1985）。上市公司供应链信息的披露使企业获得更高的债务融资水平（王迪 等，2016；李欢 等，2018）。王迪等（2016）认为，上市公司的供应链关系对银行授信同样重要。供应链关系越紧密，企业获得银行贷款的能力越强，并且这种借款优势在议价能力较高的企业表现得更加突出。李欢等（2018）通过进一步研究发现，稳定的客户关系对于长期受信贷歧视的民营企业来说，有助于满足企业的外部融资需求。陈峻等（2015）研究认为，客户信息有利于向市场传递积极信号，从而降低企业的股权资本成本。因此，供应链信息披露质量提升能在某种程度上缓解融资约束导致的投资不足现象。第二，供应链信息披露还有利于加强外部监督，减少委托代理问题导致的非效率投资行为。公司经营权和管理权的分离产生委托代理问题和代理成本。经理人为了满足个人需求和投资偏好，建立“企业帝国”（Brealey和 Myers，2000），投资净现值（NPV）为负的项目，导致过度投资；或者因懒惰和风险厌恶放弃好的投资项目，导致投资不足。良好的供应链信息披露通过增强外部利益相关者的有效监督，减少委托代理问题，降低经理人非效率投资行为的可能性；同时，解决大股东和小股东之间的委托代理问题，因为中小股东相比大股东处于信息劣势（Johnson 等，2000）。已有研究表明，高质量的信息披露具有公司治理的效果（卢太平和韩春梅，2018），有利于规范经理人的投资行为，缓解委托代理冲突（Biddle 等，2009；Chen 等，2011；张超和刘星，2015）。

由此，供应链信息披露作为一种公司治理机制，不仅通过缓解公司内外部信息不对称所带来的融资约束，抑制投资不足行为，还能对管理者进行监督，抑制代理冲突导致的过度投资行为。基于前文的内容，本章提出以下假设：

假设：上市公司披露供应链信息能够抑制公司非效率投资。

5.2 研究设计

5.2.1 样本选取与数据来源

（1）上市公司数据。本章选取 2008—2016 年在沪深两市上市公司作为研究对象，并按以下标准剔除数据：首先，本章剔除金融保险类公司；其次，本章剔除在研究期间被特殊处理（ST 或 * ST）的经营异常的公司；然后，本章剔除研究期间净利润为负的公司；再次，本章剔除上市不到一年的公司、财务数据有所缺失的公司，同时本章参考以往学者关于投资效率问题的研究将样本聚焦在制造业（李延喜，2015；卢太平和韩春梅，2018）；最后，本章得到1 687个公司总共9 200个观测值。为了降低异常值的影响，本章将连续变量进行了1%的Winsorize处理。上市公司的财务数据、公司治理数据、供应链信息数据搜集均来自CSMAR数据库。

（2）供应链信息数据。本章从上市公司年报中的合并利润表附注“前五大供应商、客户信息”中手工收集供应链相关信息。企业披露的供应链信息一般包括以下几项内容：机构排名、业务往来机构名称、业务关系、业务类型、金额、占年度业务总额比例、币种以及说明。有的上市公司披露金额明细及往来机构名称，有的上市公司只披露金额明细，往来机构名称属于自愿信息披露的内容。本章以上市公司是否披露供应商或客户姓名作为判断供应链信息获取是否可用和可用程度的依据。

5.2.2 变量选择与定义

（1）非效率投资。本章采用Richardson（2006）的投资效率预测模型进行企业投资效率的估计。该模型在投资效率的相关研究中应用较为广泛（程新生 等，2012；李延喜，2015；卢太平和韩春梅，2018）。该模型将非投资效率分为投资不足和过度投资，用模型回归的残差表示企业的非效率投资程度。具体而言，如果残差为正则视为投资过度，残差为负则视为投资不足。模型如下：

$$\begin{aligned}\text{Invest}_{i,t} = &\ \alpha + \beta_1\text{Size}_{i,t} + \beta_2\text{Lev}_{i,t} + \beta_3\text{Grow}_{i,t} + \beta_4\text{Cash}_{i,t} + \beta_5\text{Ret}_{i,t} \\ &+ \beta_6\text{Invest}_{i,t-1} + \varepsilon_{i,t}\end{aligned} \tag{5.1}$$

其中，Invest表示公司的新增资本的投资总额，Size表示公司规模，Lev表示资产负债率，Grow表示公司成长性水平，Cash表示公司的现金持有量，Ret表示公司的股票回报率。

（2）供应链信息披露。参考李丹和王丹（2016）的研究，本章以上市公司是否披露供应商或客户姓名作为判断供应链信息获取是否可用和可用程度的依据（Disclosure1）。公司当年披露前五大供应商或客户姓名则取值为1，否则为0。因为我国商品竞争具有买方市场特色，下游客户的议价能力较强，所以本章同时用客户姓名信息披露（Disclosure2）作稳健性检验。

（3）其他控制变量。参考李延喜（2015）、赵昕等（2018）的做法，本章控制了公司规模（Size）、盈利能力（ROA）、资产负债率（Lev）、销售增长率（Grow）、现金持有比例（Cash）、企业年龄（Firmage）、第一大股东持股比例（Top1）、董事长总经理两职兼任情况（Dual）。变量说明如表 5-1 所示。

表 5-1 变量说明

变量符号	变量名称	变量定义
INVEFF	非效率投资	本章采用 Richardson（2006）投资模型中的残差的绝对值表示，该值越大代表企业的投资效率越低
Disclosure1	供应链信息披露	参考李丹和王丹（2016）的做法，本章以上市公司是否披露供应商或客户姓名作为判断供应链信息获取是否可用和可用程度的依据。若公司当年披露前五大供应商或客户姓名则取值为 1，否则为 0
Disclosure2	客户姓名信息披露	若公司当年披露前五大客户姓名则取值为 1，否则为 0
Size	公司规模	年末总资产取对数
ROA	总资产收益率（盈利能力）	企业净收益/企业年末总资产
Lev	财务杠杆（资产负债率）	企业资产负债率
Grow	销售增长率	企业主营业务增长率
Cash	现金持有比例	固定资产/企业年末总资产
Firmage	企业年龄	企业年龄
Top1	股权集中度（第一大股东持股比例）	企业第一大股东持股比例
Dual	董事长总经理两职兼任情况	董事长总经理两职兼任取 1，否则取 0

5.2.3 模型设定

本章参考李延喜（2015）、赵昕等（2018）的做法，检验供应链信息披露质量对公司非效率投资行为的影响；同时，考虑企业所属行业差异和经济发展的时变性，控制年度和行业的影响。模型如下：

$$
\begin{aligned}
\text{INVEFF}_{i,\,t} = \alpha &+ \beta_1 \text{Disclosure}_{i,\,t} + \beta_2 \text{Size}_{i,\,t} + \beta_3 \text{ROA}_{i,\,t} + \beta_4 \text{Lev}_{i,\,t} + \\
&\beta_5 \text{Grow}_{i,\,t} + \beta_6 \text{Cash}_{i,\,t} + \beta_7 \text{Firmage}_{i,\,t} + \beta_8 \text{Top1}_{i,\,t} + \\
&\beta_9 \text{Dual}_{i.\,t} + \beta_{10} \sum \text{Industry} + \beta_{11} \sum \text{Year} + \varepsilon_{i.\,t}. \qquad (5.2)
\end{aligned}
$$

针对公司非效率投资的结果，本章采用 OLS 模型进行回归分析。其中，i 表示企业，t 表示年份，Disclosure 为上市公司的供应链信息披露虚拟变量。Control 为模型的控制变量，Industry、Year 分别表示行业、年度的控制。

5.2.4 描述性统计分析

表 5-2 显示了供应链信息披露质量和公司非效率投资等方面的描述性统计。由表 5-2 可知，INVEFF 的均值为 0.041，最小值为 0，最大值为 11.55，说明上市公司非效率投资水平差异较大。对于每年公司供应链信息披露质量而言，Disclosure1 的均值是 0.397，说明 39.7%的上市公司详细披露了前五大供应商或客户姓名；Disclosure2 的均值是 0.379，说明 37.9%的上市公司详细披露了客户名称。关于信息披露质量的描述性统计一方面反映了我国的供应链信息披露水平还有待提高，另一方面反映了客户信息的披露更被重视。在控制变量方面，企业的资产规模 Size 均值为 21.791。从公司业绩水平的表现来看，ROA 均值为 3.1%，最小值为-0.258，最大值为 0.202，说明样本内的公司盈利水平参差不齐。资产负债率 Lev 均值为 45.4%，说明公司的负债水平普遍较高。成长性变量 Grow 的均值为 27.6%。公司年龄变量 Firmage 均值为 14.974，说明样本公司平均年龄为 15 年。公司的现金持有比例 Cash 均值为 17.2%。在公司治理特征层面，第一大股东持股比例 Top1 均值为 34.6%。Dual 均值为 0.234，说明样本中 23.4% 的上市公司存在董事长总经理两职兼任情况。

表 5-2 描述性统计分析

Variable	Mean	Sd	Min	P50	Max	N
INVEFF	0.041	0.181	0.000	0.028	11.550	9 200
Disclosure1	0.397	0.489	0.000	0.000	1.000	9 200
Disclosure2	0.379	0.485	0.000	0.000	1.000	9 200
Size	21.791	1.177	19.114	21.671	25.655	9 200
ROA	0.031	0.066	-0.258	0.030	0.202	9 200

表5-2(续)

Variable	Mean	Sd	Min	P50	Max	N
Lev	0. 454	0. 213	0. 051	0. 448	0. 990	9 200
Grow	0. 276	1. 107	-0. 796	0. 084	11. 771	9 200
Cash	0. 172	0. 120	0. 007	0. 141	0. 645	9 200
Firmage	14. 974	4. 834	4. 000	15. 000	30. 000	9 200
Top1	0. 346	0. 145	0. 024	0. 329	0. 900	9 200
Dual	0. 234	0. 423	0. 000	0. 000	1. 000	9 200

表5-3的单变量分析更直观地显示了公司非效率投资水平表现在供应链信息披露质量分组之间的差异。本章按照上市公司当年是否披露客户和供应商名称进行分组。非效率投资水平INVEFF在供应链信息披露质量高分组（Disclosure=1）和供应链信息披露质量低分组（Disclosure=0）的均值分别为0. 039和0. 042，两者差异在10%的水平上显著。检验结果表明，t值在统计上均显著。依据供应链信息披露质量进行分组的结果与前文保持一致性。以上结果初步证实了本章的研究假设。但是，两者的具体关系有待进一步证实分析。

表5-3　单变量分析

Variable	Disclosure=0	Disclosure=1	T-Test
INVEFF	0. 042	0. 039	-0. 003*
Size	21. 858	21. 688	-0. 170***
ROA	0. 033	0. 028	-0. 006***
Lev	0. 440	0. 476	0. 037***
Grow	0. 264	0. 293	0. 029
Cash	0. 174	0. 169	-0. 005*
Firmage	14. 967	14. 985	0. 018
Top1	0. 345	0. 346	0. 001
Dual	0. 246	0. 215	-0. 031***

注：括号中显示经White调整后的t值，*、**、***分别表示在10%、5%、1%的水平上显著。

5.3　实证结果与分析

5.3.1　供应链信息披露与非效率投资

表5-4显示了模型（5.2）的回归结果，反映了供应链信息披露对非效率投资的影响。其中，第（1）列和第（2）列显示了供应链信息披露质量对企业非效率投资水平INVEFF影响的结果，第（3）列和第（4）列显示了控制行业和年度时变性影响的结果。具体而言，第（1）列和第（2）列的实证结果中，供应链信息披露质量Disclosure1、Disclosure2对企业非效率投资水平（INVEFF）分别在10%和5%的水平上显著负相关。由第（3）列和第（4）列的回归结果可知，供应链信息披露质量Disclosure1、Disclosure2对企业非效率投资水平（INVEFF）在5%的水平上显著负相关（系数=-0.009，t值=-2.213；系数=-0.009，t值= -2.298），表明供应链信息披露质量越高，企业非效率投资行为越少。

该结果联合支持了本章假设，即上市公司披露供应链信息能够显著抑制公司的非效率投资。在控制变量方面，盈利能力ROA、负债水平Lev、公司增长机会Grow、现金持有比例Cash显著正相关，表明盈利能力越好、负债水平越高、公司成长机会越好、流动性越强的公司越有可能表现出非效率投资行为，但公司规模Size与非效率投资水平显著负相关，说明规模越大的公司表现出非效率投资行为的可能性越低。这与已有公司投资效率问题的研究（李延喜 等，2015；赵昕 等，2018）一致。

表5-4　供应链信息披露对非效率投资的影响

Variable	INVEFF			
	(1)	(2)	(3)	(4)
Disclosure1	-0.007*		-0.009**	
	(-1.859)		(-2.213)	
Disclosure2		-0.008**		-0.009**
		(-1.975)		(-2.298)
Size	-0.008***	-0.008***	-0.007***	-0.007***
	(-4.208)	(-4.225)	(-3.721)	(-3.724)

表5-4(续)

Variable	INVEFF			
	(1)	(2)	(3)	(4)
ROA	0.338***	0.339***	0.336***	0.336***
	(10.210)	(10.219)	(9.998)	(9.999)
Lev	0.117***	0.117***	0.116***	0.117***
	(10.881)	(10.904)	(10.392)	(10.410)
Grow	0.010***	0.010***	0.011***	0.011***
	(6.180)	(6.183)	(6.400)	(6.405)
Cash	0.069***	0.069***	0.072***	0.072***
	(4.084)	(4.086)	(4.212)	(4.210)
Firmage	0.000	0.000	0.000	0.000
	(0.448)	(0.448)	(0.544)	(0.556)
Top1	-0.008	-0.008	-0.008	-0.007
	(-0.574)	(-0.560)	(-0.564)	(-0.548)
Dual	0.001	0.001	0.002	0.002
	(0.313)	(0.302)	(0.374)	(0.370)
Cons	0.111***	0.112***	0.100**	0.100**
	(2.856)	(2.871)	(2.503)	(2.504)
Year	No	No	Yes	Yes
Industry	No	No	Yes	Yes
N	9 200	9 200	9 200	9 200
Adj. R^2	0.038	0.038	0.041	0.041
F-test	36.700	36.747	19.669	19.689

注：①***、**、*分别表示在1%、5%、10%的水平上显著。

②括号内数值为 t 统计值，标准误经过了企业层面的聚类调整（下同）。

5.3.2 供应链信息披露抑制非效率投资的作用机制检验

前文的分析说明了上市公司披露供应商或客户的具体名称能够抑制非效率投资。供应链信息披露究竟如何影响并抑制公司非效率投资行为？本章从企业融资约束和委托代理问题的角度进行机制分析。

(1) 供应链信息披露与企业融资约束。关于上市公司信息披露与投资效率之间存在的联系，Biddle 等（2009）的研究发现，信息披露质量低的公司在面临融资约束时则倾向于投资不足，若不存在外部融资约束时则倾向于过度投资。企业融资约束程度反映了其面临的信息不对称风险，如果企业及时披露高质量的信息，就有利于投资者了解更多的企业供应链发展情况，预测供应链发展趋势，减少信息不对称风险（程新生，2012）。已有研究证明了供应链客户集中度帮助企业提升在银行方面的信贷优势（王迪 等，2016），并向市场传递积极信号，降低企业风险，从而降低企业的融资成本（陈峻 等，2015）。因此，本章认为，融资约束是供应链信息披露质量影响公司投资效率的中介变量，高质量的供应链信息可以降低企业和外部投资者的信息不对称程度，从而减弱融资约束、提升投资效率、抑制非效率投资。参考 Hadlock 和 Pierce（2010）、卢盛峰和陈思霞（2017）的研究，本章通过将上市公司规模和企业年龄构建企业融资约束指数，用指标 SAindex 表示。根据前文的分析，本章预期供应链信息质量有利于缓解企业融资约束，并且参考温忠麟和叶宝娟（2014）有关中介效应检验的研究。具体方法与上一章机制分析内容一致。

供应链信息披露、融资约束和非效率投资的回归结果如表 5-5 所示。从表 5-5 第（1）列可以发现，供应链信息披露指标（Disclosure1）显著为负，说明供应链信息披露质量的提升有利于抑制上市公司非效率投资水平，并在 5%的水平上通过显著性检验。第（2）列反映了供应链信息披露系数（-0.172）在 1%的水平上显著为负，说明供应链信息披露有利于上市公司缓解融资约束。第（3）列中供应链信息披露（Disclosure1）在 5%的水平上显著为负，上市公司融资约束指数（SAindex）的估计系数在 1%的水平上显著为正，说明中介效应成立。中介效应的 Sobel 检验结果表示 Z 统计量为 2.997，且在 1%的水平上显著。第（3）列至第（6）列显示了供应链信息披露只考虑客户名称的情形，上市公司通过披露客户信息缓解企业融资约束，抑制投资不足或过度投资等行为。这些都说明供应链信息披露质量提升有利于减少企业信息不对称，缓解融资约束，从而有效提升投资效率，抑制非效率投资行为。

表 5-5 供应链信息披露、融资约束和非效率投资的回归结果

Variable	INVEFF (1)	SAindex (2)	INVEFF (3)	INVEFF (4)	SAindex (5)	INVEFF (6)
Disclosure1	−0.009**	−0.172***	−0.009**			
	(−2.213)	(−7.459)	(−2.126)			
Disclosure2				−0.009**	−0.175***	−0.009**
				(−2.298)	(−7.657)	(−2.223)
SAindex			0.135***			0.135***
			(5.781)			(5.774)
Cons	0.100**	0.939***	2.771***	0.100**	0.941***	2.768***
	(2.504)	(12.985)	(5.976)	(2.503)	(13.022)	(5.969)
Year	Yes	Yes	Yes	Yes	Yes	Yes
Industry	Yes	Yes	Yes	Yes	Yes	Yes
N	9 200	9 200	9 200	9 200	9 200	9 200
R^2	0.041	0.313	0.045	0.041	0.313	0.045
F	19.669	219.940	20.409	19.689	220.168	20.386
Sobel Z (P value)			2.997 (0.000)			2.987 (0.000)

（2）供应链信息披露与委托代理问题。供应链信息披露还有利于加强外部监督，减少委托代理问题导致的非效率投资行为。公司经营权和管理权的双重分离产生了委托代理问题。由于公司委托代理问题的存在，管理者具有短视投资行为和自利动机，经理人为了满足个人需求和投资偏好，建立“企业帝国”（Brealey 和 Myers，2000），投资净现值（NPV）为负的项目，导致过度投资；或者因懒惰和风险厌恶放弃好的投资项目，导致投资不足。上市公司的信息披露同样具有公司治理效应，披露上市公司的信息可以降低公司内部管理者和所有者的委托代理风险，有利于约束管理者的自利行为（Bushman 和 Smith，2001），减少信息不对称带来的逆向选择或道德风险。由此，本章预期供应链信息披露通过增强外部相关利益者的有效监督，减少委托代理问题，降低上市公司非效率投资行为的可能性。参考卢太平和韩春梅（2018）的研究，本章利用管理费用率（COST），即用管理费用占营业收入的比例来衡量企业的代理成本，构建模型进行中介效应检验，中介效应检验过程同上文，此不赘述。

供应链信息披露、代理成本和非效率投资的回归结果如表 5-6 所示。表 5-6中的第（1）列反映供应链信息披露有利于抑制上市公司非效率投资水平，并在 5%的水平上通过显著性检验。第（2）列反映，供应链信息披露系数在 1%的水平上显著为负（-0.006），说明供应链信息披露有利于上市公司降低委托代理成本。第（3）列中供应链信息披露质量指标（Disclosure1）在5%的水平上显著为负，上市公司管理费用率（COST）的估计系数在 1%的水平上显著为正（0.153），说明中介效应成立。中介效应的 Sobel 检验结果显示Z 统计量为 3.037 且在 1%的水平上显著。第（3）列至第（6）列反映了供应链信息披露只考虑客户名称的情形，结论不变。这些都说明供应链信息披露质量提升有利于降低委托代理成本，从而有效提升投资效率，抑制非效率投资行为。表 5-6 反映了供应链信息披露通过减少委托代理问题降低非效率投资机制的存在。

表 5-6 供应链信息披露、代理成本和非效率投资的回归结果

Variable	INVEFF (1)	COST (2)	INVEFF (3)	INVEFF (4)	COST (5)	INVEFF (6)
Disclosure1	-0.009**	-0.006**	-0.008**			
	(-2.213)	(-2.540)	(-2.094)			
Disclosure2				-0.009**	-0.005**	-0.008**
				(-2.298)	(-2.386)	(-2.021)
COST			0.153***			0.154***
			(7.972)			(7.978)
Cons	0.100**	-0.191***	0.130***	0.100**	-0.191***	0.130***
	(2.504)	(-8.813)	(3.232)	(2.503)	(-8.815)	(3.232)
Year	Yes	Yes	Yes	Yes	Yes	Yes
Industry	Yes	Yes	Yes	Yes	Yes	Yes
N	9 200	9 200	9 200	9 200	9 200	9 200
R^2	0.041	0.766	0.048	0.041	0.766	0.048
F	19.669	1 505.495	21.905	19.689	1 505.333	21.891
Sobel Z (P value)			3.037 (0.000)			2.919 (0.000)

5.3.3 内生性分析

前文的分析表明，上市公司披露供应链的供应商或客户名称不仅帮助企业缓解融资约束，还减少了委托代理问题对公司带来的负面影响。具体来说，供应链信息披露通过缓解融资约束和降低代理成本抑制公司投资不足或过度投资的潜在可能性，从而提升投资效率。但是，上述结果可能受到内生性问题的干扰，并不能确定供应链信息披露与非效率投资水平必然存在显著影响。为了克服回归结果中可能存在的内生性影响，本章采用了倾向匹配得分法（PSM）、工具变量法（2SLS）、双重差分法（DID）等方法进行内生性检验，以获得更为稳健的结论。

（1）倾向匹配得分法（PSM）。由表5-2可知，披露供应商或客户名称的企业与未披露供应商或客户的企业之间的公司特征存在差异性，本章有关供应链信息披露与投资效率之间的讨论可能存在样本自选择问题。因此，本章接下来继续采用倾向匹配得分法（PSM）进行内生性检验，以获得更为稳健的结论。

参考卢太平和韩春梅（2018）的研究，首先，本章为披露供应链信息的公司选出与其具有相近公司特征但没有披露供应链信息的对照组样本，并以公司规模（Size）、盈利能力（ROA）、资产负债率（Lev）、现金持有比例（Cash）、企业年龄（Firmage）、第一大股东持股比例（Top1）、董事长总经理两职兼任情况（Dual）以及年度虚拟变量（Year）和行业虚拟变量（Indu）等特征维度，对披露供应链信息的企业和与其相似的未披露供应链信息的企业进行计算得到倾向匹配得分，按照临近匹配1∶1的原则配对。其次，本章进行平衡性检验，结果表明匹配后所有特征变量的处理组和控制组均无显著差异性，基本排除其他不可观测因素的影响。最后，本章利用匹配后的样本进行回归分析。表5-7显示了倾向匹配得分法（PSM）的回归结果。表5-7中的第（1）列和第（2）列显示，供应链信息披露质量Disclosure1、Disclosure2对企业非效率投资水平（INVEFF）分别在5%和10%的水平上显著负相关，系数分别为-0.014和-0.008。这一结果说明采用倾向匹配得分法（PSM）较好地解决了内生性问题，验证了供应链信息披露能较好地抑制企业非效率投资行为。

表 5-7 倾向匹配得分法（PSM）回归结果

Variable	INVEFF	
	(1)	(2)
Disclosure1	−0.014**	
	(−2.326)	
Disclosure2		−0.008*
		(−1.670)
Cons	0.119*	0.023
	(1.783)	(0.460)
Control	Yes	Yes
Year	Yes	Yes
Industry	Yes	Yes
N	5 588	5 774
Adj. R^2	0.055	0.063
F	16.188	19.298

（2）工具变量法（2SLS）。本章继续采用工具变量法（2SLS）进行稳健性检验。具体而言，参考李丹和王丹（2016）的做法，本章上一年度本企业所在行业供应链信息的平均披露水平 Indu_Disclosure1 和 Indu_Disclosure2（披露了供应链信息的公司数目除以上一年度行业内上市公司总数）构建工具变量。表 5-8 显示了使用工具变量进行回归的结果。表 5-8 中的第（1）列和第（2）列显示了第一阶段面对工具变量和其他控制变量进行回归分析的结果，供应链信息的平均披露水平 Indu_Disclosure1 和 Indu_Disclosure2 得到了正回归系数，且在 1%的水平显著，由此可以看出供应链信息披露水平和工具变量高度相关。本章利用第一阶段得到的结果预测（Pre_Disclosure1、Pre_Disclosure2）进行第二阶段回归。第（3）列和第（4）列的结果显示，Pre_Disclosure1 在 1%的水平上显著为负（系数=−0.319，t 值= −2.798），Pre_Disclosure2 在 5%的水平上显著为负（系数=−0.204，t 值=−2.189）。该结果说明本章结论较为稳健。

表 5-8 工具变量法（2SLS）的回归结果

Variable	第一阶段		第二阶段	
	Pre_Disclosure1	Pre_Disclosure2	INVEFF	
	(1)	(2)	(3)	(4)
Pre_Disclosure1			−0.319***	
			(−2.798)	
Pre_Disclosure2				−0.204**
				(−2.189)
Indu_Disclosure1	2.584***			
	(3.752)			
Indu_Disclosure2		2.543***		
		(3.591)		
Control	Yes	Yes	Yes	Yes
Year&Industry	Yes	Yes	Yes	Yes
N	9 200	9 200	7 456	7 456
R^2			0.466	0.161
F-test			12.851	15.952
Anderson canon. corr. LM statistic			24.422	24.331
p-value			0.017	0.018
Cragg-Donald Wald F statistic			39.769	105.991
p-value			0.000	0.000
Sargan statistic			0.859	0.897

（3）双重差分法（DID）。我国的监管机构一直以来不断提升对供应链信息披露质量的要求，减少资本市场的信息不对称，优化信息环境。2012 年，修订后的《公开发行证券的公司信息披露内容与格式准则》（以下称《准则》）第 2 号文件鼓励上市公司在年报中分别披露前五名供应商和客户的名称及采购、销售金额。考虑到监管机构对供应链信息披露政策的出台给供应链信息披露带来一定程度的影响，本章利用双重差分法（DID）来解决上述内生性问题。据此，本章构建如下双重差分模型：

$$\text{INVEFF}_{i,t} = \alpha + \beta_1 \text{Treat}_{i,t} + \beta_2 \text{Treat} \times \text{Change}_{i.t} + \beta_3 \text{Change}_{i.t} + \varepsilon_{i.t} \quad (5.3)$$

其中，Treat 为虚拟变量，当样本是处理组时赋值为 1，否则为 0。Change 为虚拟变量，如果 2012 年之后则赋值为 1，否则为 0。在前一种情形下，本章将《准则》发布前后没有披露供应商或客户信息的样本设置为控制组，更替前有披露的样本，更替后变为没有披露供应链信息的样本设置为处理组。在后一种情形下，本章将《准则》发布前后均有披露供应商或客户信息的样本设置为控制组，更替前没有披露的样本，更替后变为有披露供应链信息的样本设置为处理组。本章通过建立模型有效控制本章研究内容的在外部冲击影响事件前的差异，将信息披露政策的影响有效分离出来。

表 5-9 显示了模型（5.3）的双重差分法（DID）的回归结果。其中，第（1）列和第（2）列反映了上述第一种情形的回归。Treat× Change 交乘项的系数显著为正，说明《准则》发布后没有披露供应链信息的公司非效率投资水平显著上升。第（3）列和第（4）列反映了上述第二种情形的回归结果。Treat× Change 交乘项的系数不显著为负，说明企业披露供应链信息后能有效抑制企业非效率投资行为，但这种作用可能具有一定的时滞性。DID 的回归结果再次证实供应链信息披露会有效抑制企业非效率投资行为，结论基本不变。

表 5-9 双重差分法（DID）的回归结果

Variable	INVEFF			
	Disclosure1 (1)	Disclosure2 (2)	Disclosure1 (3)	Disclosure2 (4)
Treat1	-0.007 (-1.008)	-0.005 (-0.485)		
Treat1×Post	0.033** (2.305)	0.039** (2.290)		
Treat2			-0.004 (-0.353)	-0.001 (-0.066)
Treat2×Post			-0.016 (-0.467)	-0.025 (-0.559)
Post	-0.024** (-1.982)	-0.044* (-1.843)	0.019 (1.451)	0.036 (1.147)

表5-9(续)

Variable	INVEFF			
	Disclosure1 (1)	Disclosure2 (2)	Disclosure1 (3)	Disclosure2 (4)
Control	Yes	Yes	Yes	Yes
Year	Yes	Yes	Yes	Yes
Industry	Yes	Yes	Yes	Yes
N	2 638	2 638	3 124	3 124
Adj. R^2	0. 577	0. 664	0. 033	0. 056
F-test	178. 191	166. 300	5. 260	5. 757

5. 3. 4 稳健性检验

为了获得更为稳健的研究结论，本章分别采用替代被解释变量、替代解释变量、替换模型和滞后一期控制变量等方法就供应链信息披露质量对企业非效率投资影响进行稳健性检验。

首先，本章对公司投资效率的度量方法进行稳健性检验。王克敏（2017）、卢太平和韩春梅（2018）在研究企业投资效率的相关问题时认为投资效率的度量可能存在一定的误差，均采用 Biddle 等（2009）的模型来度量投资效率增强结果的可靠性。具体模型如下：

$$\text{Invest\_new}_{i,\ t} = \alpha + \beta_1 \text{Salesgrowth}_{i,\ t-1} + \beta_2 \sum \text{Industry} + \beta_3 \sum \text{Year} + \varepsilon_{i.\ t} \tag{5.4}$$

其中，Invest_new 表示企业的新增投资总额，Salesgrowth 表示企业的销售收入增长率。本章采用模型（5.4）分行业分年度回归所得残差绝对值表示公司非效率投资水平。该值越大，意味着公司的非效率投资行为越严重，用 INVEFF_R 来表示。表 5-10 中的 Panel A 显示了重新度量企业非效率投资水平的回归结果。该回归结果说明上市公司披露供应链信息依旧能够显著抑制非效率投资。

其次，本章对供应链信息披露进行稳健性检验。前文的研究中以上市公司是否披露前五名客户或供应商衡量企业的供应链信息披露质量，在此借鉴王雄元和高开娟（2016）、李欢等（2018）的研究，本章考虑上市公司是否披露前三名客户或供应商具体名称（Disclosure_1、Disclosure_2 和 Disclosure_3）

作为判断供应链信息质量的依据。表 5-10 中的 Panel B 得到的回归结果依然是供应链信息披露越详尽，公司的非效率投资水平越低，与前文结论一致。

再次，本章替换模型重新回归。前文的回归分析主要使用最小二乘法，但公司的个体固定效应可能会影响供应链信息是否披露以及对投资效率的效应，参考孟庆玺等（2018）研究，本章重新使用基于面板数据的固定效应模型。表 5-10 中的 Panel C 得到的回归结果显示结论基本不变。

最后，控制变量滞后一期重新进行回归分析。控制变量滞后一期回归也避免了反向因果问题这类内生性问题的干扰。表 5-10 中的 Panel D 显示了回归结果，主要结论不变。

由此，以上稳健性检验表明本章研究结论较为稳健。

表 5-10 稳健性检验：供应链信息披露和非效率投资

Panel A 稳健性检验 1：替换解释变量		
Variable	INVEFF_R	
	(1)	(2)
Disclosure1	-0.001*	
	(-1.761)	
Disclosure2		-0.002**
		(-2.289)
Control	Yes	Yes
Year&Industry	Yes	Yes
N	9 200	9 200
R^2	0.038	0.038
F-test	18.025	17.914

Panel B 稳健性检验 2：替换解释变量			
Variable	INVEFF		
	(1)	(2)	(3)
Disclosure_1	-0.009**		
	(-2.300)		
Disclosure_2		-0.009**	
		(-2.198)	
Disclosure_3			-0.009**
			(-2.111)

表 5-10（续）

Panel B 稳健性检验 2：替换解释变量			
Variable	INVEFF		
	(1)	(2)	(3)
Control	Yes		Yes
Year&Industry	Yes		Yes
N	9 200	9 200	9 200
R^2	0. 041	0. 041	0. 041
F-test	19. 689	19. 665	19. 646

Panel C 稳健性检验 3：替换模型		
Variable	INVEFF	
	(1)	(2)
Disclosure1	-0. 010*	
	(-1. 853)	
Disclosure2		-0. 009*
		(-1. 782)
Control	Yes	Yes
Year&Industry	Yes	Yes
N	9 200	9 200
R^2	0. 214	0. 214
F-test	97. 075	96. 919

Panel D 稳健性检验 4：控制变量滞后一期		
Variable	INVEFF	
	(1)	(2)
Disclosure1	-0. 012***	
	(-2. 609)	
Disclosure2		-0. 011**
		(-2. 528)
Control	Yes	Yes
Year&Industry	Yes	Yes
N	8 302	8 302
R^2	0. 020	0. 020
F-test	9. 063	8. 802

5.4 供应链信息披露与公司价值

前文的研究已经证实提高供应链信息披露质量有利于减少信息的不对称所带来的融资约束，降低委托代理成本，进而抑制公司的非效率投资行为。同时，公司的投资效率一直受到资本市场的高度关注，公司的投资行为创造了公司价值。因此，伴随着投资效率的提高，公司价值应有所提高。大量文献证明上市公司的信息披露质量和投资效率正相关（程新生 等，2012；张超和刘星，2015；钟马和徐光华，2017），同时投资效率与公司价值正相关（覃家琦和邵新建，2016），但是对供应链信息披露的关注较少。鲜有文献验证供应链信息披露对公司价值的影响。本部分延伸性讨论研究供应链信息披露与公司价值之间的关系。公司价值的提高体现了投资者对高质量财务信息披露企业的认可，同时提高供应链信息披露质量强化了外部利益相关者对公司投资行为的支持与监督作用。由此，本章预期上市公司供应链信息质量提高有利于公司价值的提升。

本部分检验供应链信息披露和公司价值两者之间的关系，参考黄灿和李善民（2019）的研究，利用托宾 Q 值（Tobin's Q）衡量公司价值。表 5-11 显示的是供应链信息披露质量与公司价值的回归结果。从表 5-11 中的第（1）列和第（2）列的结果中可以发现，具有供应链信息披露质量指标（Disclosure1 和 Disclosure2）显著为正，说明供应链信息披露质量提高有利于上市公司提升公司价值，并在 5%和 1%的水平上通过显著性检验。本章将全部样本分为过度投资组和投资不足组，做两组子样本回归。第（3）列和第（4）列为过度投资组的回归结果，第（5）列和第（6）列为投资不足组的回归结果，从中可以看出，供应链信息披露质量系数基本上显著为正，相比于投资不足组，供应链信息披露质量指标在过度投资组系数不仅更高，而且统计意义更显著。这说明，在过度投资组中供应链信息披露更能提升公司价值。表 5-11 的回归结果说明，供应链信息披露有助于上市公司价值水平提升，得到资本市场的认可。

表 5-11 供应链信息披露质量与公司价值的回归结果

Variable	总样本		过度投资		投资不足	
	(1)	(2)	(3)	(4)	(5)	(6)
Disclosure1	0. 141**		0. 284**		0. 050	
	(2. 006)		(2. 110)		(0. 834)	
Disclosure2		0. 121*		0. 281*		0. 104*
		(1. 840)		(1. 949)		(1. 737)
Control	Yes	Yes	Yes	Yes	Yes	Yes
Year	Yes	Yes	Yes	Yes	Yes	Yes
Industry	Yes	Yes	Yes	Yes	Yes	Yes
N	9 200	9 200	4 155	4 155	5 045	5 045
R^2	0. 239	0. 261	0. 277	0. 276	0. 047	0. 049
F	29. 614	22. 319	15. 565	15. 508	11. 265	11. 869

5.5 本章小结

本章主要研究了供应链信息披露与公司投资效率的关系，并发现上市公司披露客户或供应商信息能显著抑制企业的非效率投资行为。进一步地，本章证实了供应链信息披露通过缓解企业融资约束和降低委托代理风险提升投资效率。最后，本章拓展分析并证实了供应链信息披露对公司价值提升的作用。

本章研究上市公司供应链信息披露对投资行为的影响，丰富了对供应链信息披露和投资效率方面的研究内容；同时，探索供应链信息披露在缓解融资约束和降低代理成本的影响机制，证实供应链信息披露在公司创造价值过程中的作用，并为国内学者讨论供应链信息披露及其经济后果的研究提供了新思路。本章内容不仅为公司非效率投资的治理研究提供借鉴，为投资者如何理解和利用上市公司年报中披露的供应链信息提供有力证据，还对相关部门进一步规范供应链信息披露制度具有一定的参考价值。

信息披露是上市公司向投资者和社会公众全面沟通信息的桥梁。本章从信息披露的角度验证了上市公司供应链信息披露行为如何有效减少公司与外部投资者之间的信息不对称，进而提升公司投资效率。但是，在供应链相关信息内容披露和传递过程中，上市公司与上下游企业交易状况和风险信息还会影响债权人评价，进而影响公司融资。在下一章，我们将从信息传递的角度对供应链关系型交易与公司融资效率之间的关系进行检验。

6
供应链关系型交易对融资效率的影响

上一章研究发现上市公司披露供应链信息有利于公司抑制非效率投资，改善企业投资行为，证实了供应链信息披露行为的有效性。信息披露是信息传递的前提，上市公司披露供应链信息传递有效性如何呢？公司供应链发展和风险状况有利于减少公司与债权人信息不对称，进而提升公司融资效率吗？公司能否获得外部融资对公司再投资和长期发展十分关键，本章继续从信息传递的角度探究供应链交易内容对公司融资效率的影响。相比市场化交易模式，关系型交易模式是我国公司重要的交易模式。在法律体系建设不完善和市场发育不健全的背景下，较高的公司间交易成本和市场信息非对称阻碍了公平交易，加大了公司寻找新客户及战略伙伴的难度，因此公司非常重视经过长期时间积累形成具有战略合作关系的供应商和客户。供应链关系型交易使公司节约成本，并获得未来供应链交易的稳定性，其传递的信息内容可能被银行等金融机构观察到，进而在信贷决策时加以考虑。

本章从信息传递的角度出发，分析供应链关系型交易对公司融资效率的影响，探究在供应链信息传递过程中该内容特征如何影响债权人对核心企业供应链发展的评价，并最终影响公司融资效率。鉴于核心公司和供应商、客户关系对供应链金融日渐重要，美国学者从客户集中度的角度探究客户关系对公司融资活动的影响（Kim 等，2015；Campello 和 Gao，2017），但是国外学者的结论可能不完全适合转型国家的市场现状，同时也很难直接解读我国企业融资难、融资贵的实际问题。国内学者逐步展开关于供应链关系型交易对融资效率影响的研究，但存在研究结论不一致的现象（王迪 等，2016；江伟 等，2017），同时供应链关系型交易的研究维度较单一。结合我国新兴市场国家的市场环境特征，上市公司的供应链关系型交易作为供应链特征的信息传递内容，是否对公司融资效率存在显著性影响及供应链关系型交易与融资效率在不同维度的差异性作用有待深入分析。

本章从上市公司的年报中手工搜集并整理上市公司披露的前五大供应商采购数据和客户销售数据，从重要性维度、稳定性维度以及质量维度（议价能力、破产风险、技术水平、区位优势等）对供应链关系型交易如何影响公司融资效率及其具体机制进行深入探索。本章发现，客户集中度和供应商集中度的提升有利于公司获得银行授信的青睐，增加融资规模和延长融资期限。本章进一步从稳定性和质量维度分析发现，供应链稳定性有利于融资效率的提升，而供应商或客户的个体特征，比如议价能力、破产风险、技术创新、区位优势等因素也对融资效率表现具有差异化影响。同时，本章还发现，供应链关系型交易通过提升公司治理水平并降低经营风险两方面影响融资效率。此外，本章还采用倾向匹配得分法（PSM）、工具变量法（2SLS）、Heckman两步法等方法进行内生性问题分析，以获得更为稳健的结论。

6.1 理论分析与研究假设

供应链关系型交易是指企业与主要供应商和客户在日常的生产经营活动中，基于战略合作、了解程度和信任关系形成的一种商业交易模式。Wil-lianmson（1979）最早提出关系型交易的概念。与发达国家重视市场化交易模式有所不同，发展中国家由于市场机制发展不成熟、信息不对称程度高，企业获得生产要素成本高，关系型交易内容在中国的研究更具有特殊的背景。李增泉（2017）指出，根植于中国特色制度的关系型交易模式与西方市场化交易模式具有根本的不同。在我国，供应链关系型交易是关系型交易中一种重要的交易类型①。我国学者对供应链关系型交易的讨论主要集中在供应商和客户两个维度，即企业与客户的销售关系、企业与供应商的采购关系（方红星和张勇，2016；王迪 等，2016；李增泉，2017），并用客户或供应商集中度构建供应链关系型交易指标。客户集中度或供应商集中度主要反映上市公司作为核心企业与客户或供应商之间的紧密关系和依赖性，属于供应链关系型交易的重要性维度，该指标反映了公司对供应商或客户的依赖程度和关系紧密程度。

根据利益相关者理论，供应商和客户作为核心企业（上市公司）重要的利益相关者，拥有紧密且稳定的供应链合作伙伴是企业拥有的长期竞争优势。但是，上下游企业议价能力提升而带来的“敲竹杠”行为加大了公司经营风险和供应链断裂风险。对于上市公司而言，供应链关系型交易是一把“双刃剑”，有利的一面包括企业和供应商、客户商业往来中信息的沟通交流顺畅、存货管理水平的有效提升、关系专有资产投入后的利益共享以及面临复杂市场变化不确定性的减少等；不利的一面主要表现在隐形契约更多是依靠供应链成员企业间的信任与承诺，缺乏法律保证，一旦交易某一方发生机会主义

① 本书第二章文献综述2.2.1部分归纳总结了中国企业的关系型交易模式的多维度研究，比如集中的股权结构、普遍的政商关系、集团内部的关联交易以及集中的客户或供应商关系等。

行为而使供应链关系终止时，公司便会遭受资源流失和专用资产价值贬值。

基于信息不对称理论，供应链关系型交易内容的信息传递深刻影响着金融机构决策和企业融资能力。Campello 和 Gao（2017）对美国上市公司的研究发现，大客户风险带来的财务困境问题将导致被银行要求更多的抵押资产和限制性契约条款。一旦供应链断裂，企业就会面临潜在套牢风险，危及企业现金流和信贷风险（Pandit 等，2011；Kolay 等，2015）。针对我国新兴市场国家的市场环境特征，王迪等（2016）和李欢等（2018）都证实了供应链关系型交易对企业银行借款能力的积极影响。可见，关于供应商关系型交易对企业融资影响问题的研究，仍存在结论不一致的情况。究其原因，供应链关系型交易具有复杂性，尤其是供应商和客户之间表现出或竞争或合作或联盟的关系是随着企业生产、用户需求和市场环境情况而变化的。

供应链治理理论强调要立足于我国的特定经济背景和商业交易模式主要特点，从核心企业出发动态分析供应链关系的发展和治理问题。我国融资情况是以银行为中心的，银行借款是企业融资最常见和最重要的一项融资方式。银行作为供应链金融的重要参与者，围绕核心企业管理上下游企业的资金流和物流，并把单个企业不可控风险转变为供应链企业整体可控风险，通过各类信息的获取整合把风险控制在最低。因此，如何利用客户和供应商信息进行融资管理也是银行在供应链竞争时代考虑的重要问题之一。但是，仅靠重要性指标很难全面反映供应链关系型交易的真实内容，更不能反映供应链稳定性和供应商或客户质量。本章不仅利用手工搜集数据进一步探究供应链关系型交易中供应商或客户重要性、稳定性和质量，还从融资规模、期限和成本讨论上市公司融资效率问题，从而得到更全面的结论。

（1）供应链关系型交易与融资规模。上市公司能否获得银行贷款，取决于银行对企业实力高低的评估。针对我国新兴市场国家的市场环境特征，供应链关系型交易可能带来积极的影响。其具体体现在以下三个方面：第一，供应链关系型交易发挥资源整合效应。稳定的供应链关系对企业的公司业绩和市场价值有直接的作用。陈正林和王彧（2014）发现，供应链集成对公司财务绩效的促进作用通过降低公司期间费用、提高资产使用效率以及向上下游合作者部分让利等途径推动公司财务绩效的提高。Patatoukas（2012）利用客户集中度度量供应链关系发现客户关系越稳定，企业的市场回报率越高。在新兴市场中，外部环境的限制使得企业往往会通过更好的公司治理特征和其拥有的社会资本替代不完善的市场机制来帮助自身获得融资（Allen 等，2005；邓建平和曾勇，2011，祝继高 等，2015）。我国学者围绕政治关系、银行关系、信任和慈善捐赠（Lu 等，2012；余明桂和潘红波，2008；祝继高等，2015；李维安 等，2015）证实了非正式制度都能够帮助企业在信贷市场上获得更多信贷。供应链关系型交易代表商业往来过程建立的信任关系，作为非正式制度帮助企业获得更大规模的银行贷款。第二，信息中介优势。供应链关系中供应链成员企业的狭小关系网络能够带来有效的沟通，从而减少融资约束中信息不对称问题和逆向选择问题（Willianmson，1979），供应商和客户关系促进企业和上下游企业之间不断完成信息共享和整合，降低信息搜集成本（Schloetzer，2012；焦小静和张鹏伟，2017）和提升管理效率（李艳平，2017）。供应链关系型交易具有的信息优势帮助企业获得更多的行业信息，直接推动企业市场价值的提升。企业与上下游企业关系稳定会使得企业间风险共担（崔蓓和王玉霞，2017），有利于企业公司治理水平的提高（Chang 等，2015）。经营风险的减少可以让企业有较为充足的现金流。第三，声誉保障和认证效应。具有稳定供应链关系的企业具有声誉担保的作用，有利于管理生产经营活动（Cen 等，2015）。供应链关系保证企业在市场竞争中占得先机（Dass 等，2014），减少企业面临供应链断裂导致的潜在信贷风险。综上所述，供应链关系型交易在某种程度代表着企业长期商业往来建立起的信任关系，能作为一种信号向外部市场传递信息，发挥声誉保障作用，在银行授信评估中获得青睐。据此，本章提出假设 1。

假设 1：供应链关系型交易与公司的融资规模正相关。

（2）供应链关系型交易与融资期限。债务期限结构的长短体现了企业融资结构的特征，不同期限的银行信贷对债权人的信贷风险有差异化影响。在我国经济发展背景下，银行主要通过担保贷款和短期贷款控制信贷风险。相比于短期贷款，长期贷款的风险更高、还款周期更长，银行所付出的信息成本和监督成本等也更高（孙峥 等，2005）。债权人在面临长期贷款时，态度更容易变得谨慎和保守（李健和陈传明，2013）。因此，对于公司来说，长期贷款是一种稀缺资源，企业想获得长期银行贷款十分不易，比如张敏和张胜（2011）、李姝和谢晓嫣（2014）发现特殊的政治关系为民营企业获得更多长期贷款。理论上，一方面，供应链关系型交易中客户或供应商集中度高，公司获得更多有价值的客户信息或供应商信息，有利于供应链上下游企业进行联合投资，降低销售成本和管理成本，提高短期业绩和长期公司价值（Gosman，2009；李欢 等，2018），向银行释放正面信号，提升为公司发放长期贷款的意愿。另一方面，集中度较高的供应链关系型交易往往有利于上下游企业风险共担（崔蓓和王玉霞，2017），加强合作和生产，还能减少发放长期贷款前的逆向选择问题和发放长期贷款后的道德风险问题（江伟 等，2017）。因此，供应链关系在银行进行长期贷款发放时更容易被看成一种正面信号。据此，本章提出假设2。

假设2：供应链关系型交易与公司的融资期限正相关。

（3）供应链关系型交易与融资成本。债务融资成本不仅反映了企业获得债务融资的难易程度，更加直观表现了企业获得银行贷款所要承担的代价。银行在授信评估的过程中面对高风险的企业会要求更高的收益率和更多的限制性条款以获得风险补偿（赖黎 等，2016；姜付秀 等，2016；周楷唐 等，2017）。因此，企业信用风险和企业的债务融资成本正相关。供应链关系型交易如何影响企业的债务融资风险？基于第二章的分析，其“双刃剑”作用可能对债务融资成本带来不同的影响，但结合我国信贷市场供需双方地位不平等和公司融资贵的现实，供应链关系型交易更代表了商业往来中的信任契约，具有声誉和认证保障作用。这种声誉和认识保障作用具有传递效应。供应链治理效应有利于银行获得企业经营状况良好的评价，从而预期其信用风险水平低。从银行的角度分析，掌握了公司和上下游企业之间情况及变换等供应链交易信息有利于减少信息不对称，筛选出更优质的贷款人，使企业的债务融资成本更低。据此，本章提出假设3。

假设3：供应链关系型交易与公司的融资成本负相关。

6.2 研究设计

6.2.1 样本选取与数据来源

（1）上市公司数据。本章选取2008—2016年在沪深两市上市公司作为研究对象，并按以下标准剔除数据：首先，本章剔除金融保险类公司；其次，本章剔除在研究期间被特殊处理（ST或*ST）的经营异常的公司；然后，本章剔除研究期间净利润为负的公司；再次，本章剔除上市不到一年的公司、财务数据有所缺失的公司；最后，本章得到2 670个公司总共14 691个观测值。为了降低异常值的影响，本章将连续变量进行了 1%的 Winsorize 处理。上市公司的相关数据来自 CSMAR 数据库。

（2）供应链关系型交易数据。本章根据 CSMAR 数据库中上市公司“前五大客户和供应商”交易额、百分比、排名等明细数据，主要采集上市公司前五大客户销售额及其年度销售总额所占比例信息和前五大供应商采购额及其年度销售总额所占比例信息，并利用百度、谷歌、新浪财经、中国机构信息库等互联网手段，手工搜集上市公司上下游企业的缺失数据，并根据年报信息进行比对，保证内容的有效性。

6.2.2 变量选择与定义

（1）融资效率。本章借鉴余明桂和潘红波（2008）、祝继高等（2015）的方法，用债务融资率 Loan 表示债务融资规模，使用公司当年的长期借款和短期借款占年末总资产的比重衡量；同时，因为我国具有短期债务比例高的特征，用短期债务率 Sloan 表示短期借款能力，使用短期借款占年末总资产的比重衡量。参考李欢等（2018）的研究，本章用长期债务率 Maturity 表示债务融资期限，使用公司当年的长期借款占年末总资产的比重衡量。同时，参考赖黎等（2016）的研究，本章用公司当年的利息支出和总负债比值衡量债务成本率。Debtcost[①]。

（2）供应链关系型交易。参考 Patatoukas（2012）、李增泉（2017）、Krolikowski 和 Yuan（2017）等的研究，本章用根据公司当年前五大客户销售份额和前五大供应商采购份额计算的赫芬达尔指数表示供应链关系型交易，即客户关系型交易（Customer）和供应商关系型交易（Supplier）。

（3）其他控制变量。参考余明桂和潘红波（2008）、周唐楷等（2017）的做法，本章控制了公司规模（Size）、盈利能力（ROA）、资产负债率（Lev）、销售增长率（Grow）、固定资产比例（Tang）、企业年龄（Firmage）、产权性质（SOE）。本章不仅考虑了公司特征还考虑了治理特征，本章还控制了董事会规模（Boardsize）、独立董事比例（Independence）、第一大股东持股比例（Top1）、董事长总经理两职兼任情况（Dual）。变量说明如表 6-1 所示。

---

① 运筹学 DEA 模型和 Malmquist 指数也是学者们常用的融资效率静态分析和动态分析的方法，但该方法是对公司整体融资效率的评价方法。本书参考以往融资效率研究，从规模、期限和成本多层次度量融资效率，使分析层次更为丰富和稳健。

表 6-1 变量说明

变量符号	变量名称	变量定义
Loan	债务融资率	（长期借款+短期借款）/年末总资产
Sloan	短期债务率	短期借款/年末总资产
Maturity	长期债务率	长期借款/年末总资产
Debtcost	债务成本率	利息支出/总负债
Customer	客户关系型交易	公司当年前五大客户的赫芬达尔指数
Supplier	供应商关系型交易	公司当年前五大供应商的赫芬达尔指数
Size	公司规模	Ln（年末总资产）
ROA	总资产收益率（盈利能力）	企业净收益/企业年末总资产
Lev	财务杠杆（资产负债率）	企业资产负债率
Grow	销售增长率	企业主营业务增长率
Tang	固定资产比例	固定资产/企业年末总资产
Firmage	企业年龄	企业年龄
Top1	股权集中度（第一大股东持股比例）	企业第一大股东持股比例
Dual	董事长总经理两职兼任情况	董事长总经理兼任取 1，否则取 0
Boardsize	董事会规模	Ln（企业董事会人数）
Independence	独立董事比例	董事会中独立董事比例
SOE	产权性质	企业产权性质为国有=1，否则=0

6.2.3 模型设定

本章参考周唐楷等（2017）、李欢等（2018）的做法，分别采用模型（6.1）、模型（6.2）和模型（6.3）来检验供应链关系对企业融资规模和融资期限的影响。模型如下：

$$\begin{aligned}\text{Loan}_{i,\ t} = {} & \alpha + \beta_1\text{Customer(Supplier)}_{i,\ t} + \beta_2\text{Size}_{i,\ t} + \beta_3\text{ROA}_{i,\ t} + \\ & \beta_4\text{Lev}_{i,\ t} + \beta_5\text{Grow}_{i,\ t} + \beta_6\text{Tang}_{i.\ t} + \beta_7\text{Firmage}_{i,\ t} + \\ & \beta_8\text{Top1}_{i,\ t} + \beta_9\text{Dual}_{i.\ t} + \beta_{10}\text{Boardsize}_{i,\ t} + \\ & \beta_{11}\text{Independence}_{i.\ t} + \beta_{12}\text{SOE}_{i.\ t} + \varepsilon_{i.\ t} \qquad (6.1)\end{aligned}$$

$$\begin{aligned}\text{Maturity}_{i,\ t} = {} & \alpha + \beta_1\text{Customer(Suppliev)}_{i,\ t} + \beta_2\text{Size}_{i,\ t} + \beta_3\text{ROA}_{i,\ t} + \\ & \beta_4\text{Lev}_{i,\ t} + \beta_5\text{Grow}_{i,\ t} + \beta_6\text{Tang}_{i.\ t} + \beta_7\text{Frimage}_{i,\ t} + \\ & \beta_8\text{Top1}_{i,\ t} + \beta_9\text{Dual}_{i.\ t} + \beta_{10}\text{Boardsize}_{i,\ t} + \\ & \beta_{11}\text{Independence}_{i.\ t} + \beta_{12}\text{SOE}_{i.\ t} + \varepsilon_{i.\ t} \qquad (6.2)\end{aligned}$$

$$\begin{aligned}\text{Debtcost}_{i,\ t} = {} & \alpha + \beta_1\text{Customer(Suppliev}_{i,\ t}) + \beta_2\text{Size}_{i,\ t} + \beta_3\text{ROA}_{i,\ t} + \\ & \beta_4\text{Lev}_{i,\ t} + \beta_5\text{Grow}_{i,\ t} + \beta_6\text{Tang}_{i,\ t} + \beta_7\text{Frimage}_{i,\ t} + \\ & \beta_8\text{Top1}_{i,\ t} + \beta_9\text{Dual}_{i,\ t} + \beta_{10}\text{Boardsize}_{i,\ t} + \\ & \beta_{11}\text{Independence}_{i.\ t} + \beta_{12}\text{SOE}_{i.\ t} + \varepsilon_{i.\ t} \qquad (6.3)\end{aligned}$$

针对企业融资能力的结果，本章采用 OLS 模型进行回归分析。其中，i 表示企业，t 表示年份，客户集中度 Customer 为客户关系型交易程度、供应商集中度 Supplier 为供应商关系型交易程度，这两个指标用来衡量上市公司的供应链关系型交易。此外，本章利用年度虚拟变量 Year 和行业虚拟变量 Industry 控制年度和行业时变性。

6.2.4 描述性统计分析

由表 6-2 可知，Loan 的均值为 0.151，说明上市公司每年的银行借款占企业资产规模的 15.1%。Sloan 的均值为 0.101，反映了公司每年的短期银行借款比例是 10.1%，再次从侧面证实了我国企业在融资方面呈现短期债务比例高的特征。债务期限结构 Maturity 的均值为 0.049，说明上市公司的长期借款比例较低，平均维持在 4.9%的水平，而债务期限成本 Debtcost 平均维持在 3.9%的水平。核心变量客户关系型交易比例 Customer 的均值 4.1%，而供应商关系型交易 Supplier 的均值为 4.6%。在控制变量方面，企业的资产规模 Size 的均值为 21.903；从公司在业绩水平的表现看，ROA 的均值为 5.1%，说明企业的盈利水平较高；资产负债率 Lev 约为 42.9%；公司成长性变量 Grow 的均值为 48%；固定资产比例 Tang 的均值为 22.5%；公司年龄变量 Firmage 的均值为 14.867，说明样本公司平均年龄为 15 年；第一大股东持股比例 Top1 的均值为 36.5%；董事长总经理两职兼任比例 Dual 的均值为 23.6%；董事会规模 Boardsize 的均值为 2.163；独立董事占董事会比例 Independence 的均值为37%；样本中约 43.3% 的上市公司属于国有企业。

表 6-2 描述性统计分析

Variable	Mean	Sd	Min	P50	Max	N
Customer	0.041	0.089	0.000	0.015	0.998	14 691
Supplier	0.046	0.068	0.000	0.03	0.998	14 691
Loan	0.151	0.141	0.000	0.123	0.566	14 691
Sloan	0.101	0.107	0.000	0.07	0.447	14 691
Maturity	0.049	0.087	0.000	0.002	0.717	14 691
Debtcost	0.039	0.030	0.002	0.033	0.175	14 691
Size	21.903	1.258	19.377	21.733	25.705	14 691
ROA	0.051	0.04	0.001	0.042	0.196	14 691
Lev	0.429	0.213	0.047	0.427	0.888	14 691
Grow	0.480	1.514	-0.679	0.116	11.289	14 691
Tang	0.225	0.168	0.002	0.19	0.746	14 691
Firmage	14.867	5.873	1.000	14.000	72.000	14 691
Top1	0.365	0.155	0.003	0.346	0.894	14 691
Dual	0.236	0.425	0.000	0.000	1.000	14 691
Boardsize	2.163	0.199	1.609	2.197	2.708	14 691
Independence	0.370	0.053	0.25	0.333	0.571	14 691
SOE	0.433	0.496	0.000	0.000	1.000	14 691

表 6-3 单变量分析考察企业债务融资表现在客户和供应商关系型交易高低分组之间的差异。本章按照上市公司当年客户和供应商集中度是否高于行业中位数进行高低分组。债务融资规模 Loan 在客户集中度高分组和客户集中度低分组的均值分别为 0.154 和 0.143，两者差异在 1%的水平上显著。债务融资期限 Maturity 客户集中度高分组和客户集中度低分组的均值分别为 0.052 和 0.043，检验结果表明，t 值在统计上均显著。债务融资成本 Debtcost 客户集中度高分组和客户集中度低分组的均值分别为 0.034 和 0.041，但是 t 值在统计上均不显著。依据供应商集中度进行分组的结果与依据客户集中度进行分

组的结果保持一致性。以上部分结果初步证实了研究假设，但具体关系有待进一步证实。

表 6-3 单变量分析

Variable	Customer=low	Customer=high	T-Test 检验
Loan	0. 143	0. 154	0. 011***
Maturity	0. 043	0. 052	0. 009***
Debtcost	0. 034	0. 041	0. 007
Size	21. 673	22. 016	0. 343***
ROA	0. 051	0. 051	0. 000
Lev	0. 397	0. 444	0. 048***
Grow	0. 48	0. 479	-0. 001
Tang	0. 213	0. 232	0. 019***
Firmage	14. 803	14. 899	0. 096
Top1	0. 358	0. 368	0. 009***
Dual	0. 263	0. 223	-0. 040***
Boardsize	2. 148	2. 170	0. 022***
Independence	0. 370	0. 370	0. 000
Variable	Supplier=low	Supplier=high	T-Test 检验
Loan	0. 144	0. 154	0. 010***
Maturity	0. 045	0. 052	0. 007***
Debtcost	0. 038	0. 040	0. 002
Size	21. 694	22. 014	0. 320***
ROA	0. 051	0. 051	0. 000
Lev	0. 397	0. 446	0. 049***
Grow	0. 494	0. 472	-0. 022
Tang	0. 220	0. 228	0. 008***
Firmage	14. 743	14. 933	0. 189*
Top1	0. 361	0. 366	0. 006**
Dual	0. 262	0. 223	-0. 039***
Boardsize	2. 151	2. 169	0. 017***
Independence	0. 370	0. 370	0. 000

注：括号中显示经 White 调整后的 t 值，*、**、*** 分别表示在 10%、5%、1%的水平上显著。

6.3　实证结果与分析

6.3.1　供应链关系型交易和融资规模

表 6-4 显示了模型（6.1）的回归结果，反映了供应链关系型交易对融资规模的影响。其中，第（1）列和第（2）列显示了供应链关系对企业总体银行贷款 Loan 影响的结果，第（3）列和第（4）列显示了供应链关系对银行短期借款 Sloan 影响的结果。具体而言，第（1）列和第（2）列的实证结果中，企业客户集中度 Customer、供应商集中度 Supplier 对企业债务水平 Loan 在 1% 的水平上显著正相关。企业客户集中度每增加 1%，企业的融资水平显著提升 0.078%；企业供应商集中度每增加 1%，企业获得的银行借款增加 0.096%，供应链关系对企业的银行借款能力十分重要。由第（3）列和第（4）列的回归结果可知，客户集中度 Customer 与企业短期债务水平 SLoan 在 1% 的水平上显著正相关（系数=0.028，t 值= 2.887），表明客户关系强度越高，企业获得的短期借款越能增加。供应商集中度 Supplier 与企业短期债务水平 SLoan 的回归结果也在 1%的水平上显著正相关。上述结果支持了本章假设 1，供应链关系型交易与公司融资规模正相关。在控制变量方面，盈利能力、增长机会、第一大股东控股与债务融资水平显著负相关，资产负债水平、固定资产水平与债务融资规模显著正相关。这与已有债务融资问题的研究（祝继高 等，2015；王迪，2016）一致。

表 6-4　供应链关系型交易对融资规模的影响

Variable	Loan		Sloan	
	(1)	(2)	(3)	(4)
Customer	0.078***		0.028***	
	(6.977)		(2.887)	
Supplier		0.096***		0.086***
		(6.430)		(6.536)
Size	0.002**	0.002**	−0.010***	−0.010***
	(2.215)	(2.190)	(−14.175)	(−13.704)
Roa	−0.479***	−0.478***	−0.354***	−0.358***
	(−22.316)	(−22.173)	(−18.787)	(−18.928)

表 6-4（续）

Variable	Loan		Sloan	
	(1)	(2)	(3)	(4)
Lev	0.435***	0.433***	0.320***	0.321***
	(88.559)	(87.566)	(74.130)	(73.826)
Grow	-0.003***	-0.003***	-0.003***	-0.003***
	(-5.032)	(-4.791)	(-5.505)	(-5.431)
Tang	0.132***	0.135***	0.056***	0.057***
	(23.604)	(23.798)	(11.369)	(11.461)
Firmage	-0.000	-0.000*	-0.000	-0.000
	(-1.588)	(-1.685)	(-0.107)	(-0.249)
Top1	-0.014***	-0.014***	-0.005	-0.006
	(-2.696)	(-2.619)	(-1.155)	(-1.375)
Dual	0.004**	0.004**	0.005***	0.005***
	(2.102)	(2.023)	(2.712)	(2.740)
Boardsize	-0.000	0.001	0.004	0.006
	(-0.011)	(0.166)	(0.983)	(1.349)
Independence	0.002	0.005	-0.018	-0.015
	(0.094)	(0.307)	(-1.215)	(-1.054)
SOE	-0.027***	-0.026***	-0.020***	-0.020***
	(-14.433)	(-14.098)	(-12.347)	(-12.292)
Cons	0.018	0.011	0.282***	0.268***
	(0.906)	(0.575)	(16.204)	(15.324)
Year	Yes	Yes	Yes	Yes
Industry	Yes	Yes	Yes	Yes
N	14 691	14 691	14 691	14 691
Adj. R^2	0.573	0.570	0.427	0.429
F-test	503.556	503.786	280.242	285.787

注：① ***、**、* 分别表示在 1%、5%、10%的水平上显著。

②括号内数值为 t 统计值，标准误经过了企业层面的聚类调整（下同）。

6.3.2 供应链关系型交易和融资期限

本部分对供应链关系型交易与融资期限之间的关系进行检验。表 6-5 中第（1）列和第（2）列显示了供应链关系型交易与企业债务融资期限Maturity的回归结果。第（3）列和第（4）列显示了利用行业调整的利率期限结构（Charumilind等，2006；杜颖洁，2013）进行Maturity_indu回归的结果。由第（1）列和第（2）列的回归结果可知，客户集中度Customer与企业长期债务水平Maturity在1%的水平上显著正相关（系数=0.050，t值=6.280），表明客户关系型交易集中度比例越高，企业获得的长期借款越能增加。供应商关系型交易Supplier与企业长期债务水平的回归结果也在10%的水平上显著正相关（系数=0.036，t值=1.859）。第（3）列和第（4）列的回归结果显示，企业客户关系型交易Customer、供应商关系型交易Supplier为对行业调整的长期借款水平Maturity_indu分别在1%和5%的水平上显著正相关。企业客户集中度每增加1%，企业的长期融资水平显著提升0.027%；企业供应商集中度每增加1%，企业获得的长期借款增加0.025%。回归结果表明，无论采用企业客户关系型交易Customer还是供应商关系型交易Supplier为度量供应链关系型交易，本章假设2都成立，即供应链关系型交易与公司的融资期限正相关。

表6-5 供应链关系型交易对融资期限的影响

Variable	Maturity		Maturity_indu	
	(1)	(2)	(3)	(4)
Customer	0.050***		0.027***	
	(6.280)		(5.591)	
Supplier		0.036*		0.025**
		(1.859)		(1.998)
Cons	-0.272***	-0.418***	-0.275***	-0.426***
	(-19.111)	(-16.353)	(-19.278)	(-16.508)
Control	Yes	Yes	Yes	Yes
Year	Yes	Yes	Yes	Yes
Industry	Yes	Yes	Yes	Yes
N	14 691	14 691	14 691	14 691
Adj. R^2	0.427	0.156	0.427	0.155
F-test	280.368	70.112	280.003	68.853

6.3.3 供应链关系型交易和融资成本

本部分对供应链关系型交易与融资成本之间的关系进行检验。表 6-6 显示了供应链关系型交易与公司融资成本的回归结果。第（1）列和第（2）列加入公司特征变量，第（3）列和第（4）列考虑了行业和年份的时变性进行债务融资成本的回归分析。由第（1）列和第（2）列的回归结果可知，客户集中度 Customer 与企业债务融资成本 Debtcost 关系在统计意义上不显著（系数=0.005，t 值=1.236）。供应商集中度 Supplier 与债务融资成本 Debtcost 的回归结果也不显著（系数=-0.005，t 值=-0.934）。第（3）列和第（4）列显示了在加入行业和年份控制变量后回归结果不变。

表 6-6 供应链关系型交易对融资成本的影响

Variable	Debtcost			
	(1)	(2)	(3)	(4)
Customer	0.005		0.001	
	(1.236)		(0.289)	
Supplier		-0.005		0.004
		(-0.934)		(0.675)
Cons	0.005	0.006	0.002	0.001
	(0.695)	(0.767)	(0.205)	(0.137)
Control	Yes	Yes	Yes	Yes
Year	No	No	Yes	Yes
Industry	No	No	Yes	Yes
N	14 691	14 691	14 691	14 691
Adj. R^2	0.020	0.019	0.056	0.055
F-test	17.018	16.753	15.233	15.064

以上回归结果表明，供应链关系型交易与债务期限成本相关关系不显著。究其原因可能有以下两个方面：一方面，供应链关系的治理效应和风险效应都在影响着银行对核心企业信用风险评价，最后影响风险补偿。另一方面，债务融资成本还有可能受到经济形势、利率走势、行业风险等其他因素的影响，比如工业领域的客户需要更多特定资产投入，随着客户关系型交易程度增加，客户议价能力增强，从而使企业获得更高加价（Campello 和 Gao，2017）。

6.3.4 供应链关系型交易提升融资效率的作用机制检验

（1）供应链关系型交易和公司治理。公司治理作为一种监督机制，可以被债权人和投资者用于防范信息不对称。Ashbaugh 等（2004）认为，公司治理有效降低信息风险，促使降低融资成本。Chen 等（2009）证实了公司治理对降低企业融资成本有显著的作用。蒋琰（2009）利用我国上市公司数据进行研究发现，公司综合治理水平提升企业融资效率。基于前文的分析，主要客户作为其供应商的监督和认证实体发挥公司治理作用（Johnson 等，2010），供应商、客户和核心企业的合作关系稳定性越高，企业之间的信任程度也就越高（Farndale 等，2010）。在此基础上，成员企业协同合作不仅能促进企业与上下游行业之间信息共享、降低市场需求变化带来的不确定性（Kinney 和 Wempe，2002），还能抑制供应链成员之间的机会主义行为，降低合作风险（Ghosh 和 Fedorowicz，2008；崔蓓和王玉霞，2017）。这证实了供应链关系型交易具有治理效应。参考以往研究，本章采用公司治理 G 指数衡量企业的综合治理水平，参考白重恩等（2005）和 Chen 等（2009）的做法，以 Gindex 为被解释变量，中介效应的检验方法同前文，此不赘述。

供应链关系型交易、公司治理水平和融资效率的回归结果如表 6-7 所示。从表 6-7 中的第（1）列可以发现，客户关系型交易 Customer 回归系数为 0.079，在 1%的水平上显著为正，说明客户集中度的提升有利于上市公司增加融资规模。从第（2）列可以看出，Customer 回归系数在 5%的水平上显著为正（0.149），说明客户关系型交易程度的提升有利于上市公司提升公司治理水平。第（3）列中的 Customer 和 Gindex 显著为正，上市公司公司治理指数 Gindex 的估计系数在 10%的水平上显著为正，说明中介效应成立。第（3）列至第（6）列显示了供应商关系型交易 Supplier 为解释变量的回归结果，基本结论不变。这都说明供应链关系型交易有利于减少企业信息不对称、增加企业之间信任，起到监督作用，从而通过公司治理提升融资效率。表 6-7 的结果反映了供应链关系型交易通过公司治理机制影响上市公司的融资效率。

表 6-7　供应链关系型交易、公司治理水平和融资效率的回归结果

Variable	Loan (1)	Gindex (2)	Loan (3)	Loan (4)	Gindex (5)	Loan (6)
Customer	0.079***	0.149**	0.039***			
	(7.506)	(2.439)	(4.178)			
Supplier				0.060***	0.137**	0.025**
				(4.868)	(2.431)	(2.546)
Gindex			0.002*			0.002*
			(1.703)			(1.808)
Cons	0.099***	2.521***	−0.427***	0.094***	0.416***	−0.430***
	(4.655)	(10.010)	(−11.049)	(4.394)	(2.814)	(−11.126)
Control	Yes	Yes	Yes	Yes	Yes	Yes
Year&Industry	Yes	Yes	Yes	Yes	Yes	Yes
N	14 242	14 242	14 242	14 242	14 242	14 242
R^2	0.526	0.024	0.409	0.524	0.050	0.408
F	443.099	8.337	232.616	441.296	21.274	232.140
Sobel Z (P value)			3.157 (0.000)			3.263 (0.000)

（2）供应链关系型交易和经营风险。经营风险对公司影响重大，企业和供应链合作较为稳定意味着企业的经营风险较低。王迪等（2016）发现，稳固的供应链关系更容易让银行形成企业未来业绩平稳的可靠预期。但是，供应链关系稳定性水平的提升也可能伴随着客户议价能力的增强（Kale 和 Shahrur，2007），还带来了企业经营风险的增加（Campello 和 Gao，2017）。由此，企业经营风险低、业绩表现平稳，是银行认为企业信贷风险低的有利因素。基于前文的分析，供应链关系型交易的存在能帮助企业及时调整经营策略、应对市场经营风险，我们预期这一特殊资本有利于降低企业经营风险水平，为银行的授信评估提供了有利的支撑，为企业未来的债务融资打下基础。参考饶品贵和罗勇根（2016）的研究，本章利用盈利波动性（Risk），即 3 年内企业 ROA 的标准差衡量经营风险的变化，并做中介效应检验。

供应链关系型交易、公司经营风险和融资效率的回归结果如表 6-8 所示。从表 6-8 中的第（1）列可以发现，具有供应链关系型交易的客户关系型交易指标 Customer 显著为正，说明供应链关系型交易客户集中度的提升有利于上

市公司融资水平的提升，并在1%的水平上通过显著性检验。从第（2）列可以发现，客户集中度指标 Customer 系数在5%的水平上显著为负（-0.338），说明客户关系型交易程度提升降低了企业的经营风险水平。第（3）列中 Customer 在1%的水平上显著为正，上市公司企业经营风险水平 Risk 的估计系数在1%的水平上显著为负，说明中介效应成立。第（3）列至第（6）列显示了供应商关系型交易 Supplier 为解释变量的回归结果，基本结论不变。这都说明供应链关系型交易程度的提升有利于企业与上下游企业之间不断巩固供应链关系，降低经营风险水平，从而有利于上市公司缓解融资约束。表6-8的回归结果反映了供应链关系型交易通过经营风险影响投资效率。

表6-8 供应链关系型交易、公司经营风险和融资效率的回归结果

Variable	Loan (1)	Risk (2)	Loan (3)	Loan (4)	Risk (5)	Loan (6)
Customer	0.086***	-0.338**	0.083***			
	(6.817)	(-2.170)	(7.079)			
Supplier				0.105***	-0.376*	0.103***
				(6.661)	(-1.928)	(6.510)
Risk			-0.004***			-0.004***
			(-5.919)			(-6.077)
Cons	0.075***	-5.488***	0.072***	0.068***	-5.810***	0.064***
	(3.847)	(-21.793)	(3.606)	(3.437)	(-24.391)	(3.168)
Control	Yes	Yes	Yes	Yes	Yes	Yes
Year	Yes	Yes	Yes	Yes	Yes	Yes
Industry	Yes	Yes	Yes	Yes	Yes	Yes
N	14 188	14 188	14 188	14 188	14 188	14 188
r2	0.567	0.097	0.570	0.564	0.069	0.567
F	504.162	40.638	486.898	505.260	58.736	486.870
Sobel Z (P value)			3.520 (0.000)			2.831 (0.000)

6.3.5 内生性分析

前文的回归结果表明，供应链关系型交易能够显著提升公司的融资规模和延长融资期限，但这并不能确定供应链关系型交易与公司融资能力必然存在显著影响，两者之间可能存在受到反向因果、遗漏变量、样本选择偏误等内生性问题的影响。本章还采用了控制变量滞后一期、倾向匹配得分法（PSM）、工具变量法（2SLS）和 Heckman 两阶段回归方法等进行检验，以获得更为稳健的结论。

（1）反向因果问题。在现实的商业竞争中，融资能力越好的公司可能越依赖该公司的少数客户或供应商，表现为客户或供应商关系型交易比例高。为了避免上述潜在的反向因果关系，本部分采用未来一期的融资规模 Loan（t+1）和融资期限 Maturity（t+1）作为被解释变量。表 6-9 显示了反向因果问题检验的回归结果。表 6-9 中的第（1）列和第（2）列显示了企业未来融资规模的结果，客户关系型交易 Customer 与供应商关系型交易 Supplier 对未来一期的融资规模 Loan（t+1）分别在 5%和 1%的水平上显著正相关。第（3）列和第（4）列同样显示了供应链关系型交易与未来债务融资期限 Maturity（t+1）的回归结果。客户关系型交易 Customer、供应商关系型交易 Supplier 对债务融资期限 Maturity（t+1）的正相关关系分别在 1%和 5%的统计水平上依旧显著，反向因果问题的内生性检验和前文结果保持一致。

表 6-9　反向因果问题检验的回归结果

Variable	Loan（t+1）		Maturity（t+1）	
	（1）	（2）	（3）	（4）
Customer	0.074***		0.036***	
	（6.457）		（4.593）	
Supplier		0.050***		0.023**
		（3.258）		（1.993）
Cons	0.092***	0.088***	−0.211***	−0.062***
	（3.793）	（3.613）	（−12.780）	（−9.934）
Control	Yes	Yes	Yes	Yes
Year	Yes	Yes	Yes	Yes
Industry	Yes	Yes	Yes	Yes
N	11 175	11 175	11 175	11 175
Adj. R^2	0.476	0.469	0.401	0.269
F-test	280.488	269.618	207.442	155.406

(2) 倾向匹配得分法 (PSM)。公司是否具有大客户、大供应商可能受到一些因素的影响，并不是随机产生的结果。为了避免本章可能存在的遗漏变量导致的回归结果偏误这一类内生性问题，本部分利用倾向匹配得分法(PSM)，以企业是否具有高的客户集中度进行 PSM 分析。参考王雄元和高开娟 (2017) 以大客户或供应商当年销售量或采购额是否仍占公司销售总额10%作为是否有大客户或供应商的度量方法，本章首先进行匹配前后的样本特征对比，并以公司规模 (Size)、盈利能力 (ROA)、资产负债率 (Lev)、销售增长率 (Grow)、固定资产比例 (Tang)、企业年龄 (Firmage)、产权性质 (SOE)、董事会规模 (Boardsize)、独立董事比例 (Independence)、第一大股东持股比例 (Top1)、董事长总经理两职兼任情况 (Dual) 以及年度虚拟变量 (Year) 和行业虚拟变量 (Indu) 等特征维度计算得到倾向匹配得分，按照临近匹配 1:1 的原则配对。其次，本章进行平衡性检验。最后，本章利用匹配后的样本进行回归分析。表 6-10 显示了倾向匹配得分法 (PSM) 的回归结果。表 6-10 中的第 (1) 列和第 (2) 列显示，供应链关系型交易的 Customer 与 Supplier 对融资规模水平 Loan 均在 1%的水平上显著正相关，系数分别为 0.014 和 0.018；第 (3) 列和第 (4) 列显示，客户关系型交易程度 Customer 与供应商关系型交易程度 Supplier 对融资规模期限 Maturity 均在 1%的水平上显著正相关。这一结果说明采用倾向匹配得分法 (PSM) 较好地解决了内生性问题，供应链关系型交易与融资规模和融资期限在排除了其他影响因素之后正相关关系仍然显著。

表 6-10 倾向匹配得分法 (PSM) 的回归结果

Variable	Loan		Maturity	
	(1)	(2)	(3)	(4)
Customer	0.014***		0.006***	
	(6.526)		(4.232)	
Supplier		0.010***		0.009***
		(4.156)		(5.490)
Cons	-0.046	0.070***	-0.280***	-0.362***
	(-1.601)	(3.434)	(-14.588)	(-26.694)
Control	Yes	Yes	Yes	Yes

表6-10(续)

Variable	Loan		Maturity	
	(1)	(2)	(3)	(4)
Year	Yes	Yes	Yes	Yes
Industry	Yes	Yes	Yes	Yes
N	7 293	13 813	7 293	13 813
Adj. R^2	0. 586	0. 559	0. 449	0. 298
F-test	285. 785	484. 526	164. 230	326. 084

（3）工具变量法（2SLS）。为了进一步克服可能存在的内生性问题，本章首先采用了工具变量法（2SLS）进行稳健性检验。具体而言，参考 Dhaliwal 等（2016）、Krolikowski 和 Yuan（2017）的做法，本章以前一年度和上一年度本企业外各企业所在行业供应链关系的客户集中度平均值 Indu_Cus 和供应商集中度平均值 Indu_Sup 构建工具变量。表 6-11 显示了工具变量法（2SLS）的回归结果。表 6-11 中的第（1）列和第（2）列显示了第一阶段面对工具变量和其他控制变量进行回归分析的结果。从中我们可以看出，供应链关系和工具变量高度相关：客户关系型交易指标的行业平均值 Indu_Cus 和供应商关系型交易指标的行业平均值 Indu_Sup 得到了正回归系数，且在 1%的水平上统计显著，印证了工具变量选择合理有效。本章利用第一阶段得到的估计预测（Pre_Customer、Pre_Supplier）进行第二阶段债务融资水平回归分析。根据第（3）列和第（4）列的结果，本章发现，客户关系型交易指标回归系数 Pre_Customer 在 1%的统计意义上显著为正，客户关系型交易指标回归系数 Pre_Supplier 在 10%的统计意义上显著为正。该结果说明，在控制内生性之后，企业供应链关系型交易水平对公司债务融资能力提升作用仍显著。

表 6-11　工具变量法（2SLS）的回归结果

Variable	第一阶段		第二阶段	
	Pre_Customer	Pre_Supplier	Loan	
	(1)	(2)	(3)	(4)
Pre_Customer			0. 171*** (4. 563)	

表6-11(续)

Variable	第一阶段		第二阶段	
	Pre_Customer	Pre_Supplier	Loan	
	(1)	(2)	(3)	(4)
Pre_Supplier				0.178*
				(1.800)
Indu_Cus (t-1)	0.495***			
	(7.316)			
Indu_Cus (t-2)	0.322***			
	(4.875)			
Indu_Sup (t-1)		0.239***		
		(3.614)		
Indu_Sup (t-2)		0.049*		
		(1.734)		
Cons	0.040*	0.171***	0.078***	0.053*
	(1.731)	(9.505)	(2.957)	(1.649)
Constrol	Yes	Yes	Yes	Yes
Year	Yes	Yes	Yes	Yes
Industry	Yes	Yes	Yes	Yes
N	8 535	8 337	8 535	8 337
R^2	0.303	0.124	0.552	0.546
F-test	20.731	32.609	291.237	293.330
Cragg-Donald Wald F statistic			86.097	139.741
p-value			0.000	0.000
Sargan-C (p-value)			0.147	0.152
Anerson-Rubin (p-value)			0.000	0.000

(3) Heckman 两阶段回归方法。本章使用 Heckman 两阶段回归方法减少内生性，控制样本的自选择问题。因为上市公司可能对大客户和大供应商具有选择倾向性，这类客户集中度和供应商分布不是随机的。前文的检验可能受到遗漏变量的影响或反向因果的干扰。

本章参考李欢等（2018）的方法，使用 Heckman 两阶段回归方法进行内生性分析。第一阶段，本章利用上一年供应链关系和公司特征等变量对当年的客户和供应商关系型交易指标进行 Probit 回归，将变量 Customer、Supplier 按样本行业中位数进行划分，大于样本中位数取 1，否则取 0，并将 MCustomer、MSupplier 作为被解释变量（Ellis 等，2012；王雄元和高开娟，2017）。第二阶段，本章根据方程预测的供应链关系值和计算逆米尔斯系数 IMR 再代入模型（1）进行回归分析。表 6-12 显示，第（3）列和第（4）列的供应链关系变量客户关系型交易 Customer 和供应商关系型交易 Supplier 回归系数显著为 1.0%和 1.1%，逆米尔斯系数 IMR 也十分显著。这说明前文结论不变。

表 6-12 Heckman 两阶段回归方法的回归结果

Variable	第一阶段		第二阶段	
	MCustomer	MSupplier	Loan	
	(1)	(2)	(3)	(4)
Customer			0.010*** (5.965)	
Supplier				0.011*** (6.013)
Customer（t-1）	0.007*** (4.684)			
Supplier（t-1）		0.012*** (7.536)		
IMR1			2.242*** (8.221)	
IMR2				0.689*** (3.188)
Constrol	Yes	Yes	Yes	Yes
Year&Industry	Yes	Yes	Yes	Yes
N	14 678	14 678	14 678	14 678
R^2			0.571	0.428
F-test			502.666	282.632
Pseudo R^2	0.013	0.018		
Chi^2	217.804	290.001		

6.3.6 基于供应链稳定性的进一步分析

前文的分析表明，公司供应链关系型交易（客户关系型交易和供应商关系型交易）的重要性能够显著提升上市公司的融资能力和融资效率。但是，只是分析重要性维度并不能够全面反映供应链关系型交易的内容特征。接下来，我们基于前文内容继续从稳定性维度和质量维度展开分析，探索其如何影响银行对公司风险和价值的判断，进而对融资效率产生影响。

通过对以往文献的梳理总结，本章发现，现有文献对供应链关系型交易的度量方法大多采用供应商集中度或客户集中度中指标（Campello 和 Gao，2017；江伟 等，2017；李欢 等，2018；Krishnan 等，2018），然而供应商或客户集中度高并不一定意味着关系稳定，仅仅用集中度指标很难反映企业与上下游企业进行关系型交易的实际情况，度量单一性也限制了研究维度多样化发展①。随着供应链关系型交易的相关研究不断深入，学者们认为，企业之间的合作时间和所带来的社会联系是正相关关系，增进了信任关系的建立和供应商或客户关系的稳定性（于茂荐和孙元欣，2014）。Bonacchi 等（2015）、王雄元和彭旋（2016）的研究证实了客户的稳定程度具有信息价值，对分析师预测行为有显著影响。因此，供应链稳定性作为供应链关系型交易内容的一种信息具有信息溢出效应，会影响银行等第三方行为。当客户和供应商与企业建立了更为稳定的关系后，它们之间的信息共享程度和信任程度都在逐步加深，彼此更清楚了解经营状况和发展前景，有利于抑制管理者机会主义行为，发挥监督治理效应。企业与客户和供应商之间的关系稳定性传递到银行等债权人中代表着良性关系的信号，有利于银行授信。本章预期企业与供应商或客户的关系越稳定，融资效率越高。参考王雄元和彭旋（2016）的研究，本章采用稳定客户销售占比 Cus_stable（销售给稳定客户的收入占总销售的比重）和稳定供应商采购占比 Sup_stable（销售给稳定供应商的采购占总采购的比重）② 衡量企业的供应链稳定性作为被解释变量，重新对模型（6.1）至模型（6.3）进行回归分析，以检验供应商关系稳定性和客户关系稳定性对公司融资效率的影响。

供应链稳定性和融资效率的回归结果如表 6-13 显示。表 6-13 中的第

① 在第四章，本书首次提出了高管层面的供应链从业经历，补充了供应链特征的相关研究。

② 稳定客户和稳定供应商分别是指连续两年出现在前五大客户和供应商名单中的企业。

（1）列和第（2）列为模型（6.1）的回归结果。可以发现，客户关系稳定性指标 Cus_stable 和供应商关系稳定性指标 Sup_stable 显著为正，并分别在 1%和 5%的水平上通过显著性检验，说明供应链稳定性的提升有利于提升上市公司融资规模。第（3）列和第（4）列为模型（6.2）的回归结果。可以发现，客户关系稳定性 Cus_stable 系数在 1%的水平上显著为正（0.021），供应商关系稳定性指标 Sup_stable 系数在 5%的水平上显著为正（0.019），说明供应商稳定性和客户稳定性对公司获得长期贷款起到了正面作用。第（5）列和第（6）列为模型（6.3）的回归结果，客户稳定性 Cus_stable 在 5%的水平上显著为负（-0.024），同时供应商稳定性指标 Sup_stable 系数在 10%的水平上显著为负（-0.027），说明稳定的供应商关系和客户关系均能显著降低债务融资成本，与本章 6.3.2 的发现不一样，客户集中度和供应商集中度对债务融资成本作用不显著。这都说明相比于供应链关系型交易的重要性维度信息，供应链稳定性维度更有效传递到第三方，成为银行授信决策考量的重要指标。表 6-13 反映了供应链稳定性从融资规模、融资期限和融资成本方面均能缓解融资约束。

表 6-13　供应链稳定性和融资效率的回归结果

Variable	Loan		Maturity		Debtcost	
	(1)	(2)	(3)	(4)	(5)	(6)
Cus_stable	0.039***		0.021***		-0.024**	
	(3.849)		(3.146)		(-2.546)	
Sup_stable		0.031**		0.019**		-0.027*
		(2.074)		(2.113)		(-1.663)
Cons	-0.109*	-0.104	-0.282***	-0.302*	-0.031	0.878***
	(-1.744)	(-1.176)	(-6.888)	(-1.868)	(-0.558)	(3.067)
Constrol	Yes	Yes	Yes	Yes	Yes	Yes
Year	Yes	Yes	Yes	Yes	Yes	Yes
Industry	Yes	Yes	Yes	Yes	Yes	Yes
N	1 899	1 068	1 899	1 068	1 418	1 058
R^2	0.649	0.599	0.520	0.160	0.082	0.187
F-test	95.742	42.834	56.072	4.023	3.515	5.014

6.3.7　基于供应商和客户个体特征的进一步分析

孟庆玺等（2018）认为，关系型交易有别于市场化交易，尤其是在研究个体的身份属性上有所区别。此外，江伟等（2017）、李丹和王丹（2018）的研究发现，上市公司的客户特征对企业经营行为和信息环境具有重要的影响。本部分从质量维度分析上市公司供应链关系型交易特征，并从供应商和客户的议价能力、破产风险、技术创新和区位优势四个方面考察供应商和客户个体特征的影响。

（1）议价能力。本章主要的回归结果表明，客户关系型交易或供应商关系型交易集中程度增加，有利于企业扩大债务融资规模。当客户十分重要且议价能力较强时，企业以客户为中心的理念更加促进其在市场竞争中满足客户需求，有利于未来长期发展和创新，客户集中度对融资能力的正面作用更加明显；当供应商具有重要地位且议价能力较强时，企业可能受到供应商的很多限制，比如经营成本和相关费用增加，还有流动性、资产周转率等方面的限制（唐跃军，2009）。那么，相比之下，供应商议价能力低的企业中供应商集中度对融资规模的影响更显著。考虑数据的可得性和有效性，本章使用供应商和客户规模 Ssize 和 Csize（第一大供应商和客户注册资本的自然对数）和公司对供应商和客户相对重要程度 Simportance 和 Cimportance（第一大供应商和客户的采购额或销售额与供应商和客户注册资本的比例），前者和议价能力正相关，后者和议价能力负相关。

由表 6-14 可知，Panel A 分析了考虑议价能力的客户关系型交易与融资规模的回归结果。客户规模 Csize 更大的企业和客户相对重要程度 Cimportance 更低的企业，Customer 回归系数具有显著性，在 Panel A 第（1）列和第（3）列中分别在 10%的水平上显著为 0.055 和 0.053，而客户规模 Csize 更小的企业和客户相对重要程度 Cimportance 更高的企业，客户关系型交易对公司债务融资规模的作用不显著。Panel B 分析了考虑议价能力的供应商集中度与融资规模的回归结果。供应商规模 Ssize 更小的企业和供应商相对重要程度 Simportance 更高的企业，供应商关系型交易程度 Supplier 回归系数更高，在 Panel B 第（2）列和第（4）列中分别在 5%和 10%的水平上显著为 0.097 和 0.105。以上结果说明集中的供应链关系型交易显著提升融资水平，但是客户和供应商的议价能力作用方向存在差异性，客户议价能力高的公司样本组融资效率高，给公司带来积极影响；供应商议价能力低的公司样本组更具有降低成本、存货周转灵活的可能性，因此融资效率更高。

表 6-14　供应链关系型交易和融资效率：考虑供应商和客户的议价能力

Panel A 客户关系型交易与融资规模				
Variable	(1) Csize_high	(2) Csize_low	(3) Cimportance_low	(4) Cimportance_high
Customer	0. 055*	0. 020	0. 053*	0. 019
	(1. 913)	(0. 643)	(1. 899)	(0. 483)
Cons	0. 114	-0. 106	-0. 028	-0. 632***
	(1. 524)	(-1. 134)	(-0. 338)	(-2. 787)
Control	Yes	Yes	Yes	Yes
Year	Yes	Yes	Yes	Yes
Industry	Yes	Yes	Yes	Yes
N	1 062	971	1 050	981
R^2	0. 645	0. 605	0. 638	0. 503
F-test	50. 352	40. 998	26. 266	14. 168
Panel B 供应商关系型交易与融资规模				
Variable	(1) Ssize_high	(2) Ssize_low	(3) Simportance_low	(4) Simportance_high
Supplier	0. 060**	0. 097**	0. 079***	0. 105*
	(1. 999)	(2. 471)	(2. 595)	(1. 815)
Cons	-0. 072	-0. 224**	0. 049	-0. 320
	(-0. 809)	(-2. 227)	(0. 595)	(-1. 025)
Control	Yes	Yes	Yes	Yes
Year	Yes	Yes	Yes	Yes
Industry	Yes	Yes	Yes	Yes
N	871	779	876	774
R^2	0. 579	0. 627	0. 629	0. 357
F-test	30. 924	34. 594	38. 452	7. 794

（2）破产风险。当客户或供应商面临更高的风险时，企业的现金流具有不稳定性，这对企业未来的盈利和发展具有负面作用。当客户面临的风险较高时，客户关系型交易对融资效率的积极作用就会有所减少；当供应商面临的风险较高时，企业相对议价能力就更强，供应商关系型交易对融资效率的提升作用就会更加显著。因此，本章预期客户和供应商的破产风险对公司融资效率的影响具有差异性。参考 Dhaliwal 等（2016）和孟庆玺等（2018）的做法，本部分利用供应商和客户是否上市（Clist 和 Slist）、产权性质是否为国有（Csoe 和 Ssoe）和成立时间（Cage 和 Sage）作为供应商和客户破产风险指标的度量标准。在现实世界中，中国上市公司退市风险较低、国有企业经营更为稳定，同时成熟企业相比于成长期企业现金流更加稳定、不确定因素少，从而使上市公司、国有企业和成立时间长的企业破产风险更小。

由表 6-15 可知，Panel A 分析了考虑客户破产风险的客户集中度与融资规模的回归结果，客户为上市公司、国有企业和成立时间长的企业，即客户风险更低的子样本中客户关系型交易 Customer 回归系数才显著为正，在第（1）列、第（3）列和第（5）列中分别为 0.081、0.088 和 0.051；客户破产风险高，客户集中度对公司债务融资规模的作用不显著。Panel B 分析了考虑供应商破产风险的供应商集中度与融资规模的回归结果，供应商破产风险高的样本组（非上市企业、非国有企业和成立时间短的企业）供应商关系型交易 Supplier 回归系数显著为正，在第（2）列、第（4）列和第（6）列中分别为 0.059、0.079 和 0.060，说明供应商的经营风险较高时上市公司相对议价能力较强，容易获得融资。

表 6-15 供应链关系型交易和融资效率：考虑供应商和客户的破产风险

Panel A 客户关系型交易与融资规模						
Variable	(1) 上市 公司	(2) 非上市 公司	(3) 国有 企业	(4) 非国有 企业	(5) 成立 时间长	(6) 成立 时间短
Customer	0.081**	0.015	0.088***	−0.024	0.051*	0.001
	(2.024)	(1.045)	(3.118)	(−1.012)	(1.930)	(0.018)
Cons	−0.080	−0.057	−0.134	0.016	0.087	−0.179**
	(−0.824)	(−0.622)	(−1.165)	(0.128)	(1.211)	(−1.999)
Control	Yes	Yes	Yes	Yes	Yes	Yes

表6-15(续)

Panel A 客户关系型交易与融资规模						
Variable	(1) 上市 公司	(2) 非上市 公司	(3) 国有 企业	(4) 非国有 企业	(5) 成立 时间长	(6) 成立 时间短
Year	Yes	Yes	Yes	Yes	Yes	Yes
Industry	Yes	Yes	Yes	Yes	Yes	Yes
N	683	3 843	596	2 088	1 135	959
R^2	0. 658	0. 430	0. 691	0. 426	0. 659	0. 592
F-test	35. 643	55. 509	34. 788	25. 879	58. 949	38. 251
Panel B 供应商关系型交易与融资规模						
Variable	(1) 上市 公司	(2) 非上市 公司	(3) 国有 部门	(4) 非国有 部门	(5) 成立 时间长	(6) 成立 时间短
Supplier	0. 252	0. 059***	-0. 040	0. 079***	0. 042	0. 060*
	(1. 178)	(3. 544)	(-0. 678)	(3. 497)	(1. 554)	(1. 746)
Cons	0. 331	-0. 168***	-0. 430	-0. 179***	-0. 096	-0. 372***
	(0. 288)	(-3. 269)	(-1. 533)	(-2. 684)	(-1. 158)	(-3. 499)
Control	Yes	Yes	Yes	Yes	Yes	Yes
Year	Yes	Yes	Yes	Yes	Yes	Yes
Industry	Yes	Yes	Yes	Yes	Yes	Yes
N	124	2 498	105	1 691	952	799
R^2	0. 734	0. 606	0. 774	0. 588	0. 599	0. 611
F-test	4. 609	99. 576	8. 882	62. 019	35. 893	32. 293

(3) 技术创新。供给侧结构性改革的实现和突破的关键就在于创新①。在经济新常态背景下，产业政策的实施不但影响着企业的创新活动，改变行业的生产水平和生产效率，而且创新资本的投入调整着企业的创新效率（玉兰芳和胡悦，2017）。相比于高新技术密集度低的行业，高新技术密集度高的行业有着更明晰的产业政策支持和创新资本投入，更能激发有稳定供应链关系的企业创造经济效益：一方面，高新技术行业本身特征就对行业前沿信息

① 陈效林. 创新是供给侧结构性改革的关键[EB/OL].(2016-06-29)[2024-06-10].http://theory.people.com.cn/n1/2016/0629/c40531-28506107. html.

和技术有着需求（Coles 等，2008），高新技术企业是否能够紧跟行业潮流决定了企业的生存和发展。稳定的客户关系有助于企业创新能力的提升，可以保护企业应对行业冲击等未知的挑战（Lee，2002；Dass 等，2014）。相对而言，传统行业对信息的多样性、时效性要求并不高，供应链关系变化小。由此，创新型行业背后的信息和技术对供应链关系型交易十分重要。基于以上分析，本章预期供应商和客户是否属于高新技术行业对供应链关系型交易与融资效率的影响具有差异性。参考孟庆玺等（2018）的做法，本章将客户和供应商是否属于高技术行业①进行分组。

由表 6-16 可知，在第（1）列和第（2）列的结果中，客户关系型交易 Customer 回归系数在非高新技术行业具有显著性，回归系数为 0.046，且在 5%的水平上具有显著性，说明客户属于高新技术行业，对于银行来说，客户面临的风险更高，阻碍上市公司获得授信。这与孟庆玺等（2018）的发现相一致。对于现阶段的中国企业而言，客户的技术溢出效应尚未发挥实质性作用。第（3）列和第（4）列的结果说明，供应商关系型交易指标 Supplier 对融资效率的正面作用在高新技术行业更具有显著性，回归系数为 0.133，在 1%的水平上具有显著性，说明供应商属于高新技术行业时意味着企业能够获得更先进的技术资源和更优质的产品，供应商创新能力强有利于上市公司提升产品的质量和产出（Li，2018），从而有利于上市公司的融资环境显著优化。

表 6-16 供应链关系型交易和融资效率：考虑供应商和客户的技术创新

Variable	(1) 高新技术行业	(2) 非高新技术行业	(3) 高新技术行业	(4) 非高新技术行业
Customer	−0.010	0.046**		
	(−0.245)	(1.990)		
Supplier			0.133***	0.040
			(3.432)	(1.495)
Cons	0.023	−0.054	0.055	−0.290***
	(0.240)	(−0.771)	(0.596)	(−3.207)
Control	Yes	Yes	Yes	Yes

① 高技术行业具体是指信息技术、电子、医药和生物制品行业

表6-16（续）

Variable	(1) 高新技术行业	(2) 非高新技术行业	(3) 高新技术行业	(4) 非高新技术行业
Year	Yes	Yes	Yes	Yes
Industry	Yes	Yes	Yes	Yes
N	863	1 233	792	958
R^2	0. 622	0. 627	0. 593	0. 599
F-test	40. 073	55. 935	30. 552	37. 110

（4）区位优势。在商业往来中，供应商和客户是否具有区位优势同样会影响供应链关系型交易的经营效率，进一步影响银行等第三方机构的判断。首先，当客户或供应商和公司地理距离较为接近时，区位优势带来的是信息成本和交流成本的降低，有利于企业与上下游企业之间信息不对称程度的降低（Molley，2005）。其次，区位优势通过这种信息优势加强了客户、供应商等利益相关者对公司经营管理的监督，降低了委托代理成本，尤其在对公司的经营状况较为了解的基础上，降低业绩粉饰和财务舞弊行为发生的概率，提升公司治理的效率。最后，从银行授信决策的角度看，供应商或客户的区位优势降低了银行与企业客户或供应商之间的信息不对称。唐斯圆和李丹（2019）发现，地理距离上越临近上市公司，上市公司客户与审计师的信息不对称程度越低，从而降低审计费用。此外，处于同一地域的客户或供应商和企业进行合作更了解地缘政治、经济和文化环境，更容易达成交易中的信任和默契。究竟供应商或客户的区位优势是否具有显著性影响呢？本章研究中所需的客户和供应商所在地区信息原始数据并未全部给出，加之企业上下游公司信息的缺失都对本章研究的数据搜集造成了一定难度。本章通过手工搜集客户和供应商地址信息并进行整理，以“是否与上市公司位于同一省份”来判断供应商和客户是否具有区位优势。

由表6-17可知，在第（1）列和第（2）列的结果中，客户关系型交易Customer回归系数在同一省份的子样本中具有显著性，回归系数为0. 040，且在10%的水平上具有显著性；不在同一省份的情形下两者关系不显著。第（3）列和第（4）列说明，供应商关系型交易Supplier对融资效率的正面作用也对供应商与上市公司在同一省份子样本具有显著性，回归系数为0. 104，且在5%的水平上具有显著性；不在同一省份的情形下两者关系不显著。对于银行来说，客户或供应商和上市公司在同一省份时，有利于降低信息成本和沟通成本、提升经营效率和公司治理水平，这种区位优势有利于上市公司获得授信，从而显著提升上市公司的融资水平。

表 6-17 供应链关系型交易和融资效率：考虑供应商和客户的区位优势

Variable	(1) 在同一省份	(2) 不在同一省份	(3) 在同一省份	(4) 不在同一省份
Customer	0.040*	-0.094		
	(1.723)	(-1.294)		
Supplier			0.104**	-0.012
			(2.231)	(-0.472)
Cons	-0.080	0.206	0.106	-0.041
	(-0.920)	(0.451)	(0.554)	(-0.695)
Control	Yes	Yes	Yes	Yes
Year	Yes	Yes	Yes	Yes
Industry	Yes	Yes	Yes	Yes
N	939	565	330	1 838
R^2	0.629	0.134	0.582	0.632
F-test	42.551	1.333	12.103	85.989

6.3.8 稳健性检验

为了获得更为稳健的研究结论，本部分分别采用替代解释变量、替代被解释变量和子样本分析供应链关系型交易对融资效率作用进行稳健性检验。

首先，本章对供应链关系型交易的度量方法进行稳健性检验。前文的研究中以前五名客户或供应商集中度衡量企业的供应链关系型交易。借鉴王迪等（2016）、Campello 和 Gao（2017）的研究，本章将前五大客户（供应商）销售额占每年销售（采购）总额的比例（Customersale 和 Suppliersale）作为衡量指标。表 6-18 中的 Panel A 的回归结果与前文一致。

其次，本章对企业债务融资水平度量方法进行稳健性检验。冯旭南（2012）在研究债务融资约束问题时认为，应排除非金融负债的影响。前文的债务融资指标中公司总资产不仅包括银行负债，而且包括股权融资和非金融负债。为了进一步厘清公司的负债融资结构，我们分别用总的银行借款占总的银行负债和股权的账面价值的比重重新衡量总债务融资水平 Loan_R，用短期借款占总的银行负债和股权的账面价值的比重衡量短期融资水平 Sloan_R，以排除了非金融负债的影响。表 6-18 中的 Panel B 显示了重新度量企业债务融资水平的回归结果，说明了企业的供应链关系型交易依旧能够显著提升上市公司的总债务融资水平和短期融资水平。

再次，本章对股权融资进行稳健性检验。公司在进行较大规模扩张时需要外部资金来源，债权融资主要被企业利用以解决其营运资金短缺的问题。股权融资无需还本付息，与债权融资相比，股权融资长期性、不可逆性、无负担性的特点使股权融资的用途更加广泛。股权融资也直观体现公司融资效率。股权融资规模和股权融资成本是股权融资的两个重要的方面。借鉴 Dhaliwal 等（2016）和 Bu 等（2018）的方法，本章使用 Gebhardt 等（2001）提出的剩余收益折现模型估计股权融资成本 R_GLS。同时，参考李君平和徐龙炳（2015）的研究，本章计算股权融资规模 Equity。公式为 Equity=［（当期所有者权益总额-当期盈余公积-当期未分配利润）-（上期期末所有者权益总额-上期期末盈余公积-上期末未分配利润）］/上期资产总额。表 6-19 中的 Panel C 的回归结果说明了供应链关系型交易依旧能够显著降低上市公司股权融资成本和提升股权融资水平。

最后，本章重新进行制造业子样本回归的稳健性检验。考虑供应链关系型交易在制造业中的特征更为明显，本章以制造业企业子样本回归进行稳健性检验。表 6-18 中的 Panel D 显示了回归结果，主要结论不变。由此得到的回归结果表明本章研究结论是稳健的。

表 6-18　稳健性检验：供应链关系型交易和融资效率

Panel A 稳健性检验一：替换解释变量				
Variable	Loan		SLoan	
	(1)	(2)	(3)	(4)
Customesale	0.035***		0.008**	
	(8.889)		(2.288)	
Suppliersale		0.063***		0.047***
		(12.146)		(10.233)
Control	Yes	Yes	Yes	Yes
Year&Industry	Yes	Yes	Yes	Yes

表6-18(续)

Panel A 稳健性检验一：替换解释变量				
Variable	Loan		SLoan	
	(1)	(2)	(3)	(4)
N	14 691	14 691	14 691	14 691
R^2	0.586	0.587	0.450	0.459
F-test	459.846	283.266	265.630	169.001
Panel B 稳健性检验二：替换被解释变量				
Variable	Loan_R		SLoan_R	
	(1)	(2)	(3)	(4)
Customer	0.042***		0.013*	
	(4.879)		(1.824)	
Supplier		0.037***		0.037***
		(3.357)		(4.025)
Control	Yes	Yes	Yes	Yes
Year&Industry	Yes	Yes	Yes	Yes
N	14 691	14 691	14 691	14 691
R^2	0.630	0.628	0.460	0.462
F-test	735.541	741.441	367.734	222.990
Panel C 稳健性检验三：股权融资				
Variable	R_GLS		Equity	
	(1)	(2)	(3)	(4)
Customer	-0.004**		0.061**	
	(-2.189)		(2.229)	
Supplier		-0.004*		0.074**
		(-1.732)		(2.360)
Control	Yes	Yes	Yes	Yes
Year&Industry	Yes	Yes	Yes	Yes
N	14 691	14 691	14 691	14 691
R^2	0.442	0.442	0.062	0.135
F-test	316.524	316.439	26.395	75.958

表 6-18（续）

Panel D 稳健性检验四：制造业企业子样本		
Variable	Loan	
	（1）	（2）
Customer	0.027*	
	（1.936）	
Supplier		0.059***
		（3.473）
Control	Yes	Yes
Year&Industry	Yes	Yes
N	8 337	8 337
R^2	0.581	0.581
F-test	359.759	360.165

6.4 供应链关系型交易与公司价值

前文的研究已经证实供应链关系型交易通过降低经营风险和提升公司治理水平获得银行的授信青睐，从而提升公司的融资能力。与此同时，公司的供应链特征和融资能力也对公司价值创造具有重要影响。因此，本部分继续探讨供应链关系型交易在企业长期价值创造中的作用，即客户和供应商集中度对公司价值的影响。一方面，供应链关系型交易代表的商业信任关系有利于资源整合，发挥核心企业的信息优势；另一方面，作为一种声誉保障，供应链关系型交易内容向资本市场传递着企业供应链治理积极的信号。加之公司市场价值的提高体现投资者对客户或供应商与企业商业往来的认可，由此，本章预期上市公司供应链关系型交易同样有利于公司价值的提升。

本部分首先检验供应链关系型交易和公司价值托宾 Q 值（Tobin's Q）及其对数值（Log Q）两者之间的关系。表 6-19 显示的是供应链关系型交易和公司价值的回归结果。从第（1）列和第（2）列可以发现，客户关系型交易 Customer 和供应商关系型交易 Supplier 系数显著为正，说明客户和供应商集中度提高有利于上市公司价值提升，并在 5%和 1%的水平上通过显著性检验。第（3）列和第（4）列是以 Log Q 为公司价值的回归结果，系数显著为正的结论不变。表 6-19 的结果说明，供应链关系型交易有助于上市公司价值水平提升、得到资本市场的认可。

表 6-19 供应链关系型交易和公司价值的回归结果

Variable	Tobin's Q		Log Q	
	(1)	(2)	(3)	(4)
Customer	0.289**		0.079*	
	(2.495)		(1.657)	
Supplier		0.566***		0.129**
		(3.858)		(2.136)
Cons	9.684***	9.634***	4.019***	4.003***
	(39.309)	(38.744)	(39.584)	(39.094)
Control	Yes	Yes	Yes	Yes
Year	Yes	Yes	Yes	Yes
Industry	Yes	Yes	Yes	Yes
N	14 691	14 508	14 691	14 508
R^2	0.303	0.302	0.365	0.363
F-test	167.699	169.279	222.019	223.12

6.5 本章小结

本章以供应链关系型交易为切入点，手工搜集 2008—2016 年 CSMAR 数据库中上市公司“前五大客户和供应商”明细数据，并整理上市公司客户和供应商的集中度、稳定性以及个体特征数据。本章首先从供应商和客户关系型交易入手研究了供应链关系型交易对企业融资的影响及作用机制。实证结果表明，较好的供应链关系型交易不仅提升了公司治理水平，还降低了经营风险，有利于提升融资效率。本章进一步分析供应链稳定性、客户和供应商个体特征后发现，供应链稳定性不仅有利于提升融资规模和延长融资期限，还显著降低融资成本。当客户的议价能力较强、破产风险较低、属于非高新技术行业、区位优势更好时，客户集中度对融资能力的正面作用才显著。相比之下，当供应商的破产风险较高、属于高新技术行业、区位优势更好时，供应商集中度对融资能力的正面作用更显著。本章不仅考虑了企业与上下游企业之间的关系重要性，还探讨了稳定性、客户和供应商个体特征质量存在异质性影响，为供应链关系型交易的研究拓展了空间。

在供给侧结构性改革和供应链金融发展的大背景下，讨论供应链关系型交易是否影响及如何影响公司融资效率具有现实意义。对于上市公司而言，供应链关系型交易有利于企业认识到供应商和客户关系的重要性，及时根据自身和供应链成员企业的状况改善融资环境、优化融资结构，从而提高融资效率。对于融资机构而言，供应链关系型交易有利于银行等金融机构更加合理地制定针对企业的信贷策略。银行等信贷机构针对企业供应链发展的潜在收益和潜在风险进行关注，根据供应链关系型交易具体情况进行合理判断，无疑对提升金融机构贷款质量和供应链金融服务水平具有现实意义。

本章的研究内容既与第 5 章的研究内容相互补充，从供应链信息披露到供应链关系型交易刻画公司层面的供应链特征；又从逻辑上更完备地证实了供应链信息披露和供应链信息传递的有效性，发现供应链关系型交易对公司投融资效率影响的背后机制。第 4 章至第 6 章提供了上市公司供应链信息机制与公司运作的连接桥梁，刻画出了信息机制下供应链特征对上市公司行为及后果的影响的全景图，有助于加深对供应链特征在公司创造价值过程中的作用的理解广度和深度。

7 研究结论、政策建议、研究局限和展望

7.1 研究结论

重视供应链发展已成为全球和区域经济发展的战略共识。供应商和客户属于企业最直接的利益相关者，供应链协同发展有利于实现企业间互利共赢。供应链是围绕核心企业的网链结构。企业在经营活动中与下游客户、上游供应商之间通过长期交易、合作、谈判和博弈形成的多层次、多维度的商业关系构成了供应链的基本内容。同时，信息是供应链重要的流通内容，信息的流通不仅基于供应商和客户之间的需求产生，而且基于供应链和市场变化不断动态调整。因此，信息是影响公司经济效益稳步提升、市场资源有效配置和供应链协同发展的关键因素之一。

为了理解公司价值创造过程中供应链特征的作用，对核心企业在供应链信息流通中的特征表现和影响机制有更为深刻的认知，本书立足供应链信息机制分析上市公司供应链特征对公司经营行为和后果的影响，围绕企业层面和高管层面的供应链特征做详细解释，丰富了上市公司利益相关者的影响研究。本书选取 2008—2016 年在沪深两市上市公司作为研究对象，围绕供应链特征如何影响公司投资效率、融资效率和公司业绩等核心问题展开研究。主要研究结论如下：

首先，本书从信息处理的角度分析主体特征，即供应链高管对公司的影响。本书在经过大量手工搜集整理高管供应链从业背景的基础上，探究在供应链信息运用过程中信息处理主体如何把握供应链信息、完善经营管理决策，并最终影响公司业绩。本书研究发现：第一，从高管层面的供应链特征来说，供应链高管显著提升公司业绩水平，上市公司供应链高管能发挥专家效应和圈子效应，稳定供应链关系，增强企业在供应链交易中的信息接收和处理优势，为企业带来财富增长。第二，本书基于开源、节流、商业信用、流动性管理和企业创新的角度进一步检验了高管供应链从业经历影响机制，发现供应链高管通过抢占市场先机、节约经营成本、改善商业信用状况和流动性管理、促进企业创新等途径提升公司可持续发展动力。因此，上市公司中具有供应链从业经历的高管可以帮助公司接触其上下游行业中有价值的联系人，接受、处理和沟通供应链信息流，增强信息共享能力和降低沟通成本。

其次，本书从信息披露的角度分析行为特征，即供应链信息披露对公司投资效率的影响及其作用机制。本书基于我国有别于发达国家的供应链信息披露制度和新兴资本市场背景探究上市公司供应链信息披露如何影响企业投资行为决策。本书研究发现：第一，上市公司披露客户或供应商信息能显著抑制企业的非效率投资行为。具体而言，供应链信息披露作为一种公司治理机制，不仅有利于缓解公司内外部信息不对称的状况，减少融资约束导致的投资不足问题，还有利于加强外部监督，减轻委托代理问题导致的非效率投资行为。第二，在作用机制方面，本书证实了供应链信息披露是通过缓解企业融资约束、降低委托代理风险来提升投资效率的。

最后，本书从信息传递的角度分析内容特征，即供应链关系型交易对公司融资效率的影响及其作用机制。上市公司的供应链关系型交易是供应链特征的信息传递内容，本书结合我国以银行为中心的融资情况，探究公司的供应链关系型交易内容如何影响银行对核心企业的评价，并最终影响核心企业的融资效率。本书研究发现：第一，供应链关系型交易的重要性维度，即客户和供应商集中度代表的供应链关系型交易有利于上市公司获得有利评价，提升融资规模和延长融资期限。第二，实证结果表明，较高的供应链关系型交易水平通过提升公司治理水平和降低经营风险提升融资效率。第三，特别地，本书对供应链稳定性、客户和供应商个体特征的进一步分析发现，供应链稳定性不仅有利于提升融资规模和延长融资期限，还显著降低融资成本，当客户议价能力较强、破产风险较低、属于非高新技术行业、区位优势更好时，客户关系型交易对融资能力的正面作用才显著。相比之下，当供应商破产风险较高、属于高新技术行业、区位优势更好时，供应商关系型交易对融资能力的正面作用更显著。本书深入分析供应链关系型交易与融资效率在不同维度的差异性作用，不仅考虑了企业与上下游企业之间的关系重要性，还探讨了稳定性和质量存在的异质性影响。

价值创造是公司经营活动的最终目的。本书重点研究投融资效率和业绩表现的原因如下：一方面，投融资效率和公司业绩一直以来是公司金融领域关注的核心问题，三者之间联系紧密。投资效率与融资效率是价值提升的因素，公司业绩是价值创造的表现。另一方面，结合供应链特征在不同信息环节的作用，核心企业行为分析侧重点应具有差异性。本书的研究结论表明，供应链特征显著影响上市公司的投融资效率和公司业绩，并且在以上市公司为中心的供应链信息流动、转化和传递过程中，不同层次和不同维度的供应链特征为上市公司价值创造发挥积极作用。本书厘清供应链特征、公司行为和业绩表现、公司价值的关系和作用机理，更加清晰地揭示了上市公司供应链特征对公司经营行为和业绩表现的影响进而对最终目的的影响，明确利益相关者和供应链信息的公司治理作用以及供应链特征的经济价值效应。

7.2 政策建议

企业的供应链竞争面临着新的机遇和新的挑战。本书的研究结论表明，上市公司作为供应链商业往来的核心企业，其不同层次的供应链特征在抑制企业非效率投资、缓解融资约束和提升业绩水平等方面具有积极影响，在公司价值创造的过程中发挥了重要的作用。基于以上研究内容和目前我国供应链发展面临治理机制不完善、政策支持缺乏、行业组织建设不完善等问题，本书提出如下政策建议：

首先，加强供应链人才的培养，建立多层次的供应链人才培养体系，发挥行业专家对企业资源配置效率的助力。供应链创新离不开技术专家的不断突破，供应链建设更需要各类人才的大力支持。但是，在供应链的竞争中，供应链人才、专家等并未完全受到企业和行业重视，这无论是从企业自身实力而言，还是从行业发展来说，都是一种阻力。因此，本书建议：第一，投资者应为供应链专家的作用发挥搭建优质平台，突出专家在行业中的专家效应、剩余效应、信息效应等多重效应，利用供应链研究院、供应链专家委员会和供应链科创研发中心等机构平台促进企业间、行业间在技术、人员、信息等方面更多的交流，保证行业专家不断为企业注入新的生机与活力，发挥行业专家特色优势，增强行业竞争力。第二，管理者应完善供应链人才的激励机制，做好人才培训，从公司各部门职能入手，重视对员工供应链知识技能各方面的培训，减少上下游企业层面的知识壁垒，有效降低成本。第三，职业院校应培养供应链专业人才，设置供应链相关专业，完善供应链课程体系，增加和企业产学研项目合作，让越来越多的专业人才走上对口岗位。

其次，提升信息披露的质量，尤其应逐步完善供应链信息披露制度，提升投资者的信息识别能力。目前，我国上市公司供应链信息披露不足：第一，企业供应链信息披露不足，难以获取上下游企业明细数据。第二，企业披露的供应链信息模糊不清。例如，对同一家供应商，A 公司报告企业全称，B 公司报告企业简称，识别相同的供应链企业存在严重困难。第三，由于企业多元化经营的问题，人们难以通过公司名称、产品来识别供应链企业所属的行业。一方面，对于资本市场的监管者而言，规范供应链信息披露有利于监管者更加精确地掌握上市公司的具体情况，让其充分发挥信息传播和公司监督治理的作用，促进资本市场健康有序发展，使整个资本市场形成良好的秩序。相关部门应该更加明确产业政策导向和政策扶持办法，激励企业创新活动，推动其更加广泛和深层次发展，发挥供应链关系的协同效应，促进供应链稳定健康发展。另一方面，投资者可以根据上市公司披露的供应链信息，在供应链特征基础上进一步了解不同层面的企业和供应商、客户之间的关系，避免投资可能产生的风险和失败的可能性，为投资者投资增加参考依据。

再次，正确对待供应链特征的“双刃剑”作用，通过供应链治理减少供应链成员的信息不对称和机会主义行为。之所以称供应链关系为一把“双刃剑”，是因为：一方面，供应链当中的企业成员间良好的合作关系和技术资源等内容的共享都能优化资源配置，提升供应链关系稳定性，将企业间的个体优势转化为供应链整体的合力；另一方面，成员独立个体间的目标差异、信息不对称和利益最大化的目标驱使，使企业处于机会主义行为的风险中，可能引发“敲竹杠”效应和利益再分配的问题。本书发现，供应链关系能通过缓解融资约束、减少委托代理风险、提高公司治理水平和降低经营风险等方面显著带来公司效率的提升。因此，本书建议上市公司结合经济形势、行业发展和自身特色，在吸收更多客户和供应商的同时合理利用供应链关系，发挥其核心企业的治理作用和信息优势，尤其是在当前供应链发展已上升为国家战略的背景下，提高供应链信息交流、技术创新的积极性，针对行业特殊性和产业政策抓住企业改革创新的机会，继而推动行业经济的健康发展。

最后，搭建供应链行业服务平台，推进供应链的协同效应，加速供应商和客户、上游行业和下游行业供应链信息、技术、人力等资源的整合，优化供应链行业间的运作效率。因此，本书建议：第一，各地相关行业协会以多种形式融入或建立供应链行业组织，健全企业间集产品生产、加工、服务于一体的供应链体系，促进现代供应链组织发展；鼓励核心企业、上下游企业采用多种方式融入供应链体系，使行业和企业纵横网状相接，完善供应链参与者的利益联结机制。第二，搭建供应链数据服务平台，以科学准确的数据为供应链参与者提供咨询服务。搭建供应链数据服务平台一方面有利于利益相关者和相关监管部门监督，另一方面提升了企业的供应链风险防范意识，降低风险事件的概率。此外，供应链数据的获取方法、披露要求、指数设计要合适，有关企业发展重要核心利益的数据也要得到保护。

7.3 研究局限和展望

首先，受限制于我国供应链研究数据搜集难度大和复杂的加工过程，本书研究中所需的客户和供应商所在行业信息并未给出，企业上下游行业信息的缺失都对本研究的数据搜集造成了一定难度。本书依托上市公司披露“前五大客户（供应商）”的销售额（采购额）数值以及对应的比例进行供应链关系的研究，但目前研究难以直接获得关键客户或供应商个体特征信息等。该类信息是反映供应链关系型交易的关键数据，也是供应链关系型交易研究遇到的最大瓶颈。虽然本书利用手工整理的供应链数据深入挖掘客户和供应商的议价能力、破产风险、技术创新、区位优势等特征，但是对客户和供应商的其他个体特征研究难以深入展开，也限制了研究进一步深入。因此，未来的研究可以进一步搜集和完善供应链数据库，通过多维度构建供应链研究数据库，拓展供应链关系、公司治理、资本市场结构等相关领域的研究，丰富经济学、管理学和社会学等交叉学科的研究。

其次，关于供应链特征影响公司行为及其作用机制检验有待进一步探讨。本书对供应链特征及其作用机制的说明主要从供应链信息机制的三个主要层面展开，集中在投资效率、融资效率和公司业绩等公司金融领域关注的核心问题进行讨论。关于公司创新、风险承担、公司治理等方面还有进一步拓展研究的空间。同时，供应链特征在资本市场中的影响作用机制还有更多。作为后续研究，笔者希望从信息视角继续挖掘上市公司供应链特征的价值，探讨供应链特征对企业经营管理活动和资本市场影响的作用机制。

最后，研究视角还有待进一步拓展。在供应链金融发展的大背景下，本书第 6 章主要讨论供应链关系型交易是否影响及如何影响公司融资效率，对提升我国金融机构贷款质量和供应链金融服务水平具有现实意义。供应链金融是银行围绕核心企业，管理上下游中小企业的资金流和物流，并把单个企业的不可控风险转变为供应链企业整体的可控风险，将风险控制在最低。银行等信贷机构针对企业供应链发展的潜在收益和潜在风险加以关注，根据供应链关系型交易具体情况进行合理判断。未来，相关研究可以考虑结合供应商可抵押资产情况、财务状况和经营状况等，从限制性契约条款、抵押贷款等方面开展更为深入的讨论，丰富供应链金融的相关研究。

参考文献

白重恩，刘俏，陆洲，等，2005. 中国上市公司治理结构的实证研究［J］. 经济研究（2）：81-91.

陈冬，孔墨奇，王红建，2016. 投我以桃，报之以李：经济周期与国企避税［J］. 管理世界（5）：46- 63.

陈峻，王雄元，彭旋，2015. 环境不确定性、客户集中度与权益资本成本［J］. 会计研究（11）：76-82.

陈正林，2016. 客户集中、政府干预与公司风险［J］. 会计研究（11）：23-29.

陈正林，2017. 客户集中、行业竞争与商业信用［J］. 会计研究（11）：79-85.

陈正林，王彧，2014. 供应链集成影响上市公司财务绩效的实证研究［J］. 会计研究（2）：49-56.

程新生，谭有超，刘建梅，2012. 非财务信息、外部融资与投资效率：基于外部制度约束的研究［J］. 管理世界（7）：137-150.

崔蓓，王玉霞，2017. 供应网络联系强度与风险分担：依赖不对称的调节作用［J］. 管理世界（4）：106-118.

戴亦一，潘越，冯舒，2014. 中国企业的慈善捐赠是一种“政治献金”吗：来自市委书记更替的证据［J］. 经济研究（2）：74-86.

代昀昊，孔东民，2017. 高管海外经历是否能提升企业投资效率［J］. 世界经济，40（1）：168-192.

邓建平，曾勇，2011. 金融生态环境、银行关联与债务融资：基于我国民营企业的实证研究［J］. 会计研究（12）：33-40.

杜勇，谢瑾，陈建英，2019. CEO 金融背景与实体企业金融化［J］. 中国工业经济（5）：136-154.

杜勇，张欢，陈建英，2018. CEO 海外经历与企业盈余管理［J］. 会计研究（2）：27-33.

樊纲，王小鲁，朱恒鹏，2016. 中国市场化指数. 各省区市场化相对进程 2016 年度报告［M］. 北京：经济科学出版社.

方红星，张勇，2016. 供应商/客户关系型交易、盈余管理与审计师决策［J］. 会计研究（1）：79-86.

冯旭南，2012. 债务融资和掠夺：来自中国家族上市公司的证据［J］. 经济学（季刊），11（3）：943-968.

何威风，刘巍，2018. 商业信用中的管理者效应：基于管理者能力的视角［J］. 会计研究（2）：48-54.

胡跃飞，黄少卿，2009. 供应链金融：背景、创新与概念界定［J］. 金融研究（8）：194-206.

黄灿，李善民，2019. 股东关系网络、信息优势与企业绩效［J］. 南开管理评论，22（2）：75-88.

江伟，底璐璐，彭晨，2017. 客户集中度影响银行长期贷款吗：来自中国上市公司的经验证据［J］. 南开管理评论，20（2）：71-80.

江伟，底璐璐，姚文韬，2017. 客户集中度与企业成本粘性：来自中国制造业上市公司的经验证据［J］. 金融研究（9）：192-206.

江伟，孙源，胡玉明，2018. 客户集中度与成本结构决策：来自中国关系导向营商环境的经验证据［J］. 会计研究（11）：70-76.

姜付秀，石贝贝，马云飙，2016. 信息发布者的财务经历与企业融资约束［J］. 经济研究，51（6）：83-97.

姜骞，2016. 供应链企业间信任对供应链合作稳定性的作用机制［J］. 中国流通经济（9）：60-69.

焦小静，张鹏伟，2017. 客户集中度影响公司股利政策吗：治理效应抑或风险效应［J］. 广东财经大学学报，32（4）：70-81.

赖黎，巩亚林，马永强，2016. 管理者从军经历、融资偏好与经营业绩［J］. 管理世界（8）：126-136.

李丹，王丹，2016. 供应链客户信息对公司信息环境的影响研究：基于股价同步性的分析［J］. 金融研究（12）：191-206.

李红，谢娟娟，2018. 金融发展、企业融资约束与投资效率：基于2002—2013年上市企业面板数据的经验研究［J］. 南开经济研究（4）：36-52.

李欢，李丹，王丹，2018. 客户效应与上市公司债务融资能力：来自我国供应链客户关系的证据［J］. 金融研究（6）：138-154.

李欢，郑杲娉，李丹，2018. 大客户能够提升上市公司业绩吗：基于我国供应链客户关系的研究［J］. 会计研究（4）：60-67.

李健，陈传明，2013. 企业家政治关联、所有制与企业债务期限结构：基于转型经济制度背景的实证研究［J］. 金融研究（3）：157-169.

李君平，徐龙炳，2015. 资本市场错误定价、融资约束与公司融资方式选择［J］. 金融研究（12）：113-129.

李维安，李勇建，石丹，2016. 供应链治理理论研究：概念、内涵与规范性分析框架［J］. 南开管理评论（1）：4-15.

李文贵，余明桂，2017. 产权保护与民营企业国有化［J］. 经济学（季刊），16（4）：1341-1366.

李艳平，2017. 客户关系型交易与制造业企业业绩：影响效应与机制［J］. 宏观经济研究（2）：130-141.

李艳平，2017. 企业地位、供应链关系型交易与商业信用融资［J］. 财经论丛（4）：47-54.

李延喜，曾伟强，马壮，等，2015. 外部治理环境、产权性质与上市公司投资效率［J］. 南开管理评论（1）：25-36.

李增泉，2017. 关系型交易的会计治理：关于中国会计研究国际化的范式探析［J］. 财经研究（2）：4-33.

廖成林，仇明全，龙勇，2008. 企业合作关系、敏捷供应链和企业绩效间关系实证研究［J］. 系统工程理论与实践（6）：115-128.

柳光强，孔高文，2018. 高管海外经历是否提升了薪酬差距［J］. 管理世界（8）：130-142.

卢盛峰，陈思霞，2017. 政府偏袒缓解了企业融资约束吗：来自中国的准自然实验［J］. 管理世界（5）：51-65.

卢太平，韩春梅，2018. DB 计划的公司治理效应：基于投资效率视角的分析［J］. 审计与经济研究（4）：66-74.

陆正飞，杨德明，2011. 商业信用：替代性融资，还是买方市场［J］. 管理世界（4）：6-14.

马士华，林勇，2016. 供应链管理［M］. 北京：机械工业出版社.

孟庆玺，白俊，施文，2018. 客户集中度与企业技术创新：助力抑或阻碍：基于客户个体特征的研究［J］. 南开管理评论（4）：62-73.

权小锋，徐星美，蔡卫华，2018. 高管从军经历影响审计费用吗：基于组织文化的新视角［J］. 审计研究（2）：80-86.

饶品贵，罗勇根，2016. 通货膨胀如何影响股票回报：基于债务融资的视角［J］. 金融研究（7）：160-175.

申慧慧，于鹏，吴联生，2012. 国有股权、环境不确定性与投资效率［J］. 经济研究（7）：113-126.

申宇，傅立立，赵静梅，2015. 市委书记更替对企业寻租影响的实证研究［J］. 中国工业经济（9）：37-52.

申宇，赵玲，吴风云，2017. 创新的母校印记：基于校友圈与专利申请的证据［J］. 中国工业经济（8）：156-173.

孙铮，刘凤委，李增泉，2005. 市场化程度、政府干预与企业债务期限结构：来自我国上市公司的经验证据［J］. 经济研究（5）：52-63.

覃家琦，邵新建，2016. 中国交叉上市公司的投资效率与市场价值：绑定假说还是政府干预假说？[J]. 经济学（季刊）(3)：1137-1176.

唐斯圆，李丹，2019. 上市公司供应链地理距离与审计费用 [J]. 审计研究 (1)：72-80.

唐松，王俊杰，马杨，等，2017. 可抵押资产、社会网络与商业信用 [J]. 南开管理评论，20 (3)：53-64.

唐跃军，2009. 供应商、经销商议价能力与公司业绩：来自 2005—2007 年中国制造业上市公司的经验证据 [J]. 中国工业经济 (10)：67-76.

王迪，刘祖基，赵泽朋，2016. 供应链关系与银行借款：基于供应商/客户集中度的分析 [J]. 会计研究 (10)：42-49.

王克敏，刘静，李晓溪，2017. 产业政策、政府支持与公司投资效率研究 [J]. 管理世界 (3)：113-124.

王兰芳，胡悦，2017. 创业投资促进了创新绩效吗：基于中国企业面板数据的实证检验 [J]. 金融研究 (1)：177-190.

王雄元，高开娟，2017. 客户关系与企业成本粘性：敲竹杠还是合作 [J]. 南开管理评论 (1)：132-142.

王雄元，高开娟，2017. 客户集中度与公司债二级市场信用利差 [J]. 金融研究 (1)：130-144.

王雄元，高开娟，2017. 如虎添翼抑或燕巢危幕：承销商、大客户与公司债发行定价 [J]. 管理世界 (9)：42-59.

王雄元，彭旋，2016. 稳定客户提高了分析师对企业盈余预测的准确性吗？[J]. 金融研究 (5)：156-172.

王雄元，彭旋，王鹏，2015. 货币政策、稳定客户关系与强势买方商业信用 [J]. 财务研究 (6)：31-40.

王营，曹廷求，2014. 董事网络增进企业债务融资的作用机理研究 [J]. 金融研究 (7)：189-206.

温忠麟，叶宝娟，2014. 中介效应分析：方法和模型发展 [J]. 心理科学进展 (5)：731-745.

吴娜，于博，2017. 客户集中度、体恤效应与商业信用供给［J］. 云南财经大学学报（4）：141-152.

杨瑞龙，周业安，1998. 论利益相关者合作逻辑下的企业共同治理机制［J］. 中国工业经济（1）：38-45.

叶飞，李怡娜，张红，等，2009. 供应链信息共享影响因素、信息共享程度与企业运营绩效关系研究［J］. 管理学报（6）：743-750.

殷枫，贾竞岳，2017. 大客户盈余管理对供应商企业投资的影响研究［J］. 审计与经济研究（6）：64-78.

于茂荐，孙元欣，2014. 专用性投资、关系机制与企业绩效［J］. 中南财经政法大学学报（1）：150-156.

余明桂，回雅甫，潘红波，2010. 政治联系、寻租与地方政府财政补贴有效性［J］. 经济研究（3）：65-77.

余明桂，潘红波，2008. 政治关系、制度环境与民营企业银行贷款［J］. 管理世界（8）：9-21.

余明桂，潘红波，2010. 金融发展、商业信用与产品市场竞争［J］. 管理世界（8）：117-129.

虞义华，赵奇锋，鞠晓生，2018. 发明家高管与企业创新［J］. 中国工业经济（3）：136-154..

张敏，马黎珺，张胜，2012. 供应商-客户关系与审计师选择［J］. 会计研究（12）：81-86.

张超，刘星，2015. 内部控制缺陷信息披露与企业投资效率：基于中国上市公司的经验研究［J］. 南开管理评论（5）：136-150.

张良，马永强，2016. 商业信用能提升企业绩效吗：基于非效率投资中介效应与组织冗余调节效应的实证［J］. 投资研究（2）：59-77.

张晓亮，杨海龙，唐小飞，2019. CEO 学术经历与企业创新［J］. 科研管理（2）：154-163.

张首魁，党兴华，2009. 关系结构、关系质量对合作创新企业间知识转移的影响研究［J］. 研究与发展管理（3）：1-7.

赵昕，许杰，丁黎黎，2018. 董事网络、独立董事治理与上市公司过度投资行为研究 [J]. 审计与经济研究 (1)：69-80.
周楷唐，麻志明，吴联生，2017. 高管学术经历与公司债务融资成本 [J]. 经济研究 (7)：169-183.
赵秀云，鲍群，2015. 制度环境、关系交易与现金持有决策 [J]. 审计与经济研究 (3)：21-29.
祝继高，韩非池，陆正飞，2015. 产业政策、银行关联与企业债务融资：基于 A 股上市公司的实证研究 [J]. 金融研究 (3)：176-191.
钟马，徐光华，2017. 社会责任信息披露、财务信息质量与投资效率：基于"强制披露时代"中国上市公司的证据 [J]. 管理评论 (2)：234-244.
AITKEN J, HARRISON, A, 2013. Supply governance structures for reverse logistics systems [J]. International Journal of Operations and Production Management, 33 (6): 745-764.
AHERN K R, HARFORD J, 2014. The importance of industry links in merger waves [J]. The Journal of Finance, 69 (2): 527-576.
AGGARWAL R K, SAMWICK A A, 2006. Empire-builders and shirkers: investment, firm performance, and managerial incentives [J]. Journal of Corporate Finance, 12 (3): 489-515.
AK B K, PATATOUKAS P N, 2016. Customer-base concentration and inventory efficiencies: Evidence from the manufacturing sector [J]. Production and Operations Management, 25 (2): 258-272.
AKERLOF G A, 1970. The market for lemons: Quality and the market mechanism [J]. Quarterly Journal Economics, 84: 488-500.
ALLEN F, QIAN J, QIAN M, 2005. Law, finance, and economic growth in China [J]. Journal of Financial Economics, 77 (1): 57-116.
ANSOFF H I, 1965. Corporate strategy: An analytic approach to business policy for growth and expansion [M]. New York: McGraw-Hill Companies.

BAMBER L S, JIANG J, WANG I Y, 2010. What's my style? The influence of top managers on voluntary corporate financial disclosure [J]. The Accounting Review, 85 (4): 1131-1162.

BANERJEE S, DASGUPTA S, KIM Y, 2008. Buyer-supplier relationships and the stakeholder theory of capital structure [J]. The Journal of Finance, 63 (5): 2507-2552.

BIDDLE G C, HILARY G, VERDI R S, 2009. How does financial reporting quality relate to investment efficiency? [J]. Journal of Accounting and Economics, 48 (2-3): 112-131.

BECK T, DEMIRGUCKUNT A, MAKSIMOVIC V, 2005. Financial and legal constraints to firm growth: Does size matter? [J]. The Journal of Finance, 60 (1): 137-177.

BLAIR M M, 1995. Rethinking corporate governance for the twenty-first century [M]. Wahsington: The Brookings Institution.

BONACCHI M, KOLEV K, LEV B, 2015. Customer franchise—A hidden, yet crucial, asset [J]. Contemporary Accounting Research, 32 (3): 1024-1049.

BOUBAKRI N, O GUEDHAMI, MISHRA D, et al., 2012. Political connections and the cost of equity capital [J]. Journal of Corporate Finance, 18 (3): 541-559.

BREALEY R A, MYERS S C, 2000. Principles of corporate finance [M]. Sixth Edition. New York: McGraw-Hill.

BROWN J R, FAZZARI S M, PETERSEN B C, 2010. Financing innovation and growth: Cash flow, external equity, and the 1990s rand boom [J]. Journal of Finance, 64 (1): 151-185.

BURT R S, 1992. Structural holes: The social structure of competition [M]. Cambridge: Harvard University Press.

BUSHMAN R M, SMITH A J, 2001. Financial accounting information and corporate governance [J]. Journal of Accounting and Economics, 32 (1-3): 237-333.

CAMPELLO M, GAO J, 2017. Customer concentration and loan contract terms. Journal of Financial Economics (1): 108-136.

CEN L, DASGUPTA S, ELKAMHI R, PUNGALIYA R S, 2015. Reputation and loan contract terms: The role of principal customers [J]. Review of Finance, 20 (2): 501-533.

CHARUMILIND C, KALI R, WIWATTANAKANTANG Y, 2006. Connected lending: Thailand before the financial crisis [J]. The Journal of Business, 79 (1): 181-218.

CHEN K C W, CHEN Z, WEI K C J, 2009. Legal protection of investors, corporate governance, and the cost of equity capital [J]. Journal of Corporate Finance, 15: 273-289.

CHEN K C W, CHEN Z, WEI K C J, 2011. Agency costs of free cash flow and the effect of shareholder rights on the implied cost of equity capital [J]. Journal of Financial and Quantitative Analysis, 46 (1): 171-207.

CLARKSON M A, 1995. Stakeholder framework for analyzing and evaluating corporate social performance [J]. Academy of Management Review, 20 (1): 92-117.

COHEN L, FRAZZINI A, MALLOY C, 2008. The small world of investing: Board con-nections and mutual fund returns [J]. Journal of Political Economy, 116: 951-979.

COLEMAN J S, 1988. Social capital in the creation of human capital [J]. American Journal of Sociology, 94: 95-120.

COLES J L, DANIEL N D, NAVEEN L, 2008. Boards: Does one size fit all? [J]. Journal of Financial Economics, 87: 329-356.

CROSBY L A, EVANS K R, COWLES D, 1990. Relationship quality in services selling: An interpersonal influence perspective [J]. Journal of Marketing, 3 (54): 68-81.

DASS N, KINI O, NANDA V, ONAL B, et al., 2014. Board expertise: Do directors from related industries help bridge the information gap? [J]. The Review of Financial Studies, 27 (5): 1533-1592.

DEARBORN D C, SIMON H A, 1958. Selective perception: A note on the departmental identifications of executives [J]. Sociometry, 21 (2): 140-144.

DHALIWAL D, JUDD J S, SERFLING M, et al., 2016. Customer concentration risk and the cost of equity capital [J]. Journal of Accounting and Economics, 61 (1): 23-48.

DWYER F R, SCHURR P H, OH S, 1987. Developing buyer-seller relationships [J]. Journal of Marketing, 51 (2): 11-27.

ELLIS J A, FEE C E, THOMAS S E, 2012. Proprietary costs and the disclosure of information about customers [J]. Journal of Accounting Research, 50 (3): 685-727.

FALEYE O, HOITASH R, HOITASH U, 2018. Industry expertise on corporate boards [J]. Review of Quantitative Finance and Accounting, 50 (2): 441-479.

FARNDALE E, PAAUWE J, BOSELIE P, 2010. An exploratory study of governance in the intra-firm human resources supply chain [J]. Human Resource Management, 49 (5): 849-868.

FLYNN B B, HUO B, ZHAO X, 2010. The impact of supply chain integration on performance: A contingency and configuration approach [J]. Journal of Operations Management, 28 (1): 58-71.

FREEMAN E, 1984. Strategic management: A stakeholder approach [M]. Boston: Pitman Press.

FYNES B, et al., 2005. The impact of supply chain relationship quality on quality performance [J]. International Journal of Production Economics, 96 (3): 339-354.

GEBHARDT W, LEE C, SWAMINATHAN B, 2001. Towards an implied cost of capital [J]. Journal of Accounting Research, 39 (1): 76-135.

GEREFFI G, HUMPHREY J, STURGEON T, 2005. The governance of global value chains [J]. Review of International Political Economy, 12 (1): 78-104.

GHOSH A, FEDOROWICZ J, 2008. The role of trust in supply chain governance [J]. Business Process Management Journal, 14 (4): 453-470.

GLOSTEN L R, MILGROM P R, 1985. Bid, ask and transaction prices in a specialist market with heterogeneously informed traders [J]. Journal of Financial Economics, 14 (1): 71-100.

GOLICIC S L, MENTZER J T, 2006. An empirical examination of relationship magnitude [J]. Journal of Business Logistics, 27 (1): 81-108.

GOSMAN M L, KOHLBECK M J, 2009. Effects of the existence and identity of major customers on supplier profitability: Is wal-mart different? [J]. Journal of Management Accounting Research, 21 (1): 179-201.

GRANOVETTER M, 1985. Economic action and social structure: The problem of embeddedness [J]. American Journal of Sociology, 91 (3): 481-510.

GUAN Y, M F WONG, Y ZHANG, 2015. Analyst following along the supply chain [J]. Review of Accounting Studies, 20 (1): 210-241.

HADLOCK C, PIERCE J, 2010. New evidence on measuring financial constraints: Moving beyond the KZ index [J]. Review of Financial Studies, 23 (5): 1909-1940.

HAMBRICK D C, MASON P A, 1984. Upper echelons: The organization as a reflection of its top managers [J]. Academy of Management Review, 9 (2): 193-206.

HAMBRICK DONALD C, 2007. Upper echelons theory: An update [J]. Academy of Management Journal, 32 (2): 334-343.

HARRISON T P, 2001. Global supply chain design [J]. Information Systems Frontiers, 3 (4): 413-416.

HEALY P M, PALEPU K G, 2001. Information asymmetry, corporate disclosure, and the capital markets: A review of the empirical disclosure literature [J]. Journal of Accounting and Economics, 31 (1-3): 405-440.

HEIDE J B, MINER A S, 1992. The shadow of the future: Effects of anticipated interaction and frequency of contact on buyer-seller cooperation [J]. Academy of Management Journal, 35 (2): 265-291.

HU C, LIU Y J, 2015. Valuing diversity: CEOs' career experiences and corporate investment [J]. Journal of Corporate Finance, 30: 11-31.

HUI K W, LIANG C, YEUNG P E, 2019. The effect of major customer concentration on firm profitability: Competitive or collaborative? [J]. Review of Accounting Studies (6): 1-41.

HUNTLEY J K, 2006. Conceptualization and measurement of relationship quality: Linking relationship quality to actual sales and recommendation intention [J]. Industrial Marketing Management, 35 (6): 703-714.

IRVINE P J, PARK S S, YILDIZHAN C, 2016. Customer-base concentration, profitability, and the relationship life cycle [J]. The Accounting Review, 91 (3): 883-906.

ITZKOWITZ J, 2013. Customers and cash: how relationships affect suppliers' cash holdings [J]. Journal of Corporate Finance, 19: 159-180.

JENSEN M C, MECKLING W H, 1976. Theory of the firm: Managerial behavior, agency costs and ownership structure [J]. Journal of Financial Economics, 3 (4): 305-360.

JENSEN M C, 1986. Agency costs of free cash flow, corporate finance, and takeovers [J]. The American Economic Review, 76 (2): 323-329.

JENSEN M C, MURPHY K J, 1990. Performance pay and top-management incentives [J]. Journal of Political Economy, 98 (2): 225-264.

JOHNSON J L, CULLEN J B, SAKANO T, et al., 1996. Setting the stage for trust and strategic integration in japanese-US cooperative alliances [J]. Journal of International Business Studies, 27 (5): 981-1004.

JOHNSTONE K M, LI C, LUO S, 2014. Client-auditor supply chain relationships, audit quality, and audit pricing [J]. Auditing: A Journal of Practice and Theory, 33 (4): 119-166.

KALE J R, SHAHRUR H, 2007. Corporate capital structure and the characteristics of suppliers and customers [J]. Journal of Financial Economics, 83 (2): 321-365.

KANG J K, LIU W L, LOW A, et al., 2018. Friendly boards and innovation [J]. Journal of Empirical Finance, 45: 1-25.

KIM J B, SONG B Y, ZHANG Y, 2015. Earnings performance of major customers and bank loan contracting with suppliers [J]. Journal of Banking and Finance, 59: 384-398.

KINNEY M R, WEMPE W F, 2002. Further evidence on the extent and origins of it's profitability effects [J]. Accounting Review, 77 (1): 203-225.

KOGAN L, PAPANIKOLAOU D, SERU A, et al., 2017. Technological innovation, resource allocation, and growth [J]. The Quarterly Journal of Economics, 132 (2): 665-712.

KROLIKOWSKI M, YUAN X, 2017. Friend or foe: Customer - supplier relationships and innovation [J]. Journal of Business Research, 78: 53-68.

KONG X, 2011. Why are social network transactions important? Evidence based on the concentration of key suppliers and customers in China [J]. China Journal of Accounting Research, 4 (3): 121-133.

KRISHNAN G V, PATATOUKAS P N, WANG A, 2018. Customer-base concentration: Implications for audit pricing and quality [J]. Journal of Management Accounting Research, 31 (1): 129-152.

LA PORTA R, LOPEZ - DE - SILANES F, SHLEIFER A, 1999. Corporate ownership around the world [J]. The Journal of Finance, 54 (2): 471-517.

LEE H L, 2002. Aligning supply chain strategies with product uncertainties [J]. California Management Review, 44 (3): 105-119.

LI K, 2018. Innovation externalities and the customer/supplier link [J]. Journal of Banking and Finance, 86: 101-112.

MALLOY C, 2005. The geography of equity analysis [J]. Journal of Finance, 60 (2): 719-755.

MALONI M, BENTON W C, 2000. Power influences in the supply chain [J]. Journal of Business Logistics, 21 (1): 49-73.

MITCHELL R K, AGLE B R, WOOD D J, 1997. Toward a theory of stakeholder identification and aalience: Defining the principle of who and what really counts [J]. Academy of Management Review, 22 (4): 853-886.

MENTZER J T, MIN S, ZACHARIA Z G, 2000. The nature of interfirm partnering in supply chain management [J]. Journal of Retailing, 76 (4): 549-568.

MYERS S C, MAJLUF N S, 1984. Corporate financing and investment decisions when firms have information that investors do not have [J]. Journal of Financial Economics, 13 (2): 187-221.

OLIVEIRA M, KADAPAKKAM P R, BEYHAGHI M, 2017. Effects of customer financial distress on supplier capital structure [J]. Journal of Corporate Finance, 42: 131-149.

OLSEN C R, DIETRICH, 1985. Vertical information transfers: The association between retailers' sales announcements and suppliers' security returns [J]. Journal of Accounting Research, 23: 144-166.

PANDIT S, WASLEY C E, ZACH T, 2011. Information externalities along the supply chain: The economic determinants of suppliers' stock price reaction to their customers' earnings announcements [J]. Contemporary Accounting Research, 28 (4): 1304-1343.

PATATOUKAS P N, 2012. Customer-base concentration: Implications for firm performance and capital markets [J]. The Accounting Review, 87 (2): 363-392.

RICHARDSON S, 2006. Over-investment of free cash flow [J]. Review of Accounting Studies, 11 (2-3): 159-189.

RICHEY R G, ROATH A S, WHIPPLE J M, 2010. Exploring a governance theory of supply chain management: Barriers and facilitators to integration [J]. Journal of Business Logistics, 31 (1): 237-256.

RINEHART L M, ECKERT J A, HANDFIELD R B, et al., 2004. An assessment of supplier-customer relationships [J]. Journal of Business Logistics, 25 (1): 25-62.

ROSS S A, 1973. The economic theory of agency: the principal's problem [J]. The American Economic Review, 63 (2): 134-139.

ROTHSCHILD M, STIGLITZ J, 1976. Imperfect information [J]. The Quarterly Journal of Economics, 90 (4): 629-649.

SHAHRUR H, 2005. Industry structure and horizontal takeovers: Analysis of wealth effects on rivals, suppliers, and corporate customers [J]. Journal of Financial Economics, 76 (1): 61-98.

SHLEIFER A, VISHNY R W, 1997. A survey of corporate governance [J]. The Journal of Finance, 52 (2): 737-783.

SPENCE J T, HELMREICH R L, 1972. The attitudes toward women scale: An objective instrument to measure attitudes toward the rights and roles of women in contemporary society [J]. American Psychological Association, 2 (4): 863-872.

STANK T, 1999. Benefits of interfirm coordination in food industry supply chains stank, theodore; crum, michael; arango, miren [J]. Journal of Business Logistics, 20 (2): 2.

STEVENS G C, 1989. Integrating the supply chain [J]. International Journal of Physical Distribution and Materials Management, 19 (8): 3-8.

STULZ R, 1990. Managerial discretion and optimal financing policies [J]. Journal of Financial Economics, 26 (1): 3-27.

SU Q, SONG Y, LI Z, et al., 2008. The impact of supply chain relationship quality on cooperative strategy [J]. Journal of Purchasing and Supply Management, 14 (4): 263-272.

TITMAN S, WESSELS R, 1988. The determinants of capital structure choice [J]. Journal of Finance, 43 (1): 1-19.

WALKER G, WEBER D, 1984. A transaction cost approach to make-or-buy decisions [J]. Administrative Science Quarterly, (6): 373-391.

WANG J, 2012. Do firms' relationships with principal customers/suppliers affect shareholders' income? [J]. Journal of Corporate Finance, 18 (4): 860-878.

WANG Y Y, CHEN C, HUANG Y, 2014. Economic policy uncertainty and corporate investment: Evidence from China [J]. Pacific-Basin Finance Journal (3): 227-243.

WILLIAMSON O E, 1985. The economic institutions of capitalism [M]. New York: The Free Press.

后记

时光如水。

柳林时光里流淌的每一滴水都汇成了一条河。

感恩相遇的所有老师和同学，他们的人格魅力和专业造诣是我本硕博读书时代的美好凭证。本书写作过程不仅记录了我的校园青春生活，更承载了老师们的谆谆教诲与无私厚爱。从触摸科研的迷惘无措到躬耕学术的学有所长，柳林寒暑赐予了我丰富的体验和治学的内力。

首先，我要特别感谢我的导师——西南财经大学金融学院博士生导师张合金教授。张老师治学严谨、博学多才、宽容大度、为人师表，始终叮嘱我潜心科研，切忌急功近利，研究金融问题要与实际热点相结合，做到学以致用、行以致远。我要感谢张老师推荐我在读博期间赴德国霍恩海姆大学深造，让我打开了学术交流的国际视野。

感谢西南财经大学金融学院博士生导师申宇教授的引领，在一次次学术讨论和磨合中帮我分析积累小论文的创新点与写作方法，探寻科研论题的学术方向。感谢罗荣华教授、陶启智教授、张迎春教授、阮小莉教授和周玮教授给予的指导，让我在论文写作和修改中不断提升学术感悟。感谢西南财经大学金融学院每一位传道授业解惑的恩师。

感谢澳大利亚麦考瑞大学（Macquarie University）的部迪教授和廖寅教授，他们谦和儒雅、开阔大气，带我踏上国际学术交流之旅。感谢美国加州伯克利大学（University of California，Berkeley）的 Robert Anderson 教授、德国霍恩海姆大学（University of Hohenheim）的 Burghof Hans-Peter 教授、Monika Gehde-Trapp 教授在我读博和访学期间给予的指导与关照。

感谢向思宇老师、罗望老师和程礼福老师的关爱和砥砺，感谢邓博夫老师和易垚师姐的支持与鼓励，感谢王苏老师、雷浩巍老师、胥昕老师和周宁老师的关怀，感谢西南财经大学金融学院 2015 级博士生同窗的关心与支持，感谢郝照辉博士、郭庆云博士、马永谈博士、梁洪博士、赵爽博士、朱可涵博士、侯晓华博士、杜军博士对我的学术启发，感谢郭继辉老师、张倩倩师姐、向雪漫学妹、李浩宇博士和张明明博士的支持，感谢西南财经大学数学学院马建军博士、马江明博士给予我计量学方面的大量帮助，感谢李萌博士、梁佳瑛同学、郭尧同学、江林锴同学的数据采集工作支持。

感谢西南财经大学出版社的支持，感谢李晓嵩老师在本书编辑出版过程中的辛勤劳动和鼎力相助。

感谢西南财经大学国际商学院各位领导和教学同仁对青年教师成长的热情鼓励与有力支持。正是活跃向上和宽松包容的学术氛围，给予了我继续追求学术梦想的激情、勇气与定力，每一次学术课题的拓展和教研思维的碰撞，于我都是珍贵的认知、提升和重塑。

感谢国家自然科学基金项目“供应链结构嵌入、资本市场信息效率与价值效应”（项目编号：72202181）的出版资助。

感谢沱江流域高质量发展研究中心重点项目“新质生产力视角下供

应链数字化驱动沱江流域绿色创新路径研究”（项目编号：TJGZL2024-01）的经费支持。

最后，特别感谢我的家人。他们是我精神生活的后花园，我的生命承载了他们无尽的爱与关怀。

感恩所有亲友和师长的支持与陪伴。我将依然爱我所爱，行我所行。

高笛

2024 年 8 月于成都

西南财经大学柳林校区